秦梽尊◎著

中国商业出版社

图书在版编目（CIP）数据

口才变现 / 秦桤尊著. -- 北京 ：中国商业出版社，2023. 8
ISBN 978-7-5208-2481-1

Ⅰ. ①口… Ⅱ. ①秦… Ⅲ. ①口才学—通俗读物 Ⅳ. ①H019-49

中国国家版本馆CIP数据核字(2023)第082887号

责任编辑：包晓嫱
（策划编辑：佟彤）

中国商业出版社出版发行
（www.zgsycb.com 100053 北京广安门内报国寺 1 号）
总编室：010-63180647　编辑室：010-83118925
发行部：010-83120835/8286
新华书店经销
香河县宏润印刷有限公司印刷
*
710 毫米 ×1000 毫米　16 开　13.5 印张　150 千字
2023 年 8 月第 1 版　2023 年 8 月第 1 次印刷
定价：58.00 元
* * * *
（如有印装质量问题可更换）

前言

好口才，让变现跟说话一样简单！

在知识经济的浪潮中，在经济全球化的时代里，人与人之间共事、团队之间协作、个人事业成功、社会整体和谐，都是对个人综合素质的集大成性考验，而个人综合素质的核心组成之一就是口才能力。

将大时代与个人口才相关联，好像有些拔高口才的作用，但回首历史就会看到，口才在无形中推动了历史前进的车轮。战前的动员、士气的激发、人心的凝聚……都要通过口才表现出来。一人之辩，重于九鼎之宝；三寸之舌，强于百万之师。口才的力量可以“化干戈为玉帛，化腐朽为神奇”。

哪里有声音，哪里就有力量；哪里有口才，哪里就有战斗的号角；哪里有口才，哪里就有胜利的曙光。

口才是人的口语表达、技巧和个人知识、智慧相结合而形成的才华。

每个人都希望自己在别人眼里是既自信、强大，又才华横溢、从容不迫的。要达到这样的标准，必须具备顶级口才。例如：

一句话能把人说笑；

一句话也能把人说跳。

一句话能把人说得心花怒放；

一句话也能把人说得怒目横眉。

一句话能赢得一个盼望已久的机会；

一句话也能让煮熟的鸭子翩翩飞走。

一句话能助你打开苦苦寻觅的成功之门；

一句话也能让你瞬间失去千辛万苦的积累。

人生的成败，不仅取决于怎么做，也取决于怎么说。口才不仅具有爆发力，还极具创造力和反转力，能够化危机为转机，化绝交为成交，化平凡为卓越。

有句话是，会说话，赢天下！

那么，如何才算赢呢？或者说，赢的标准如何界定呢？我们用口才的变现能力进行界定。也就是说，不再仅仅评价是否会说话，还要评价能通过会说话为自己赢得多少价值。口才变现的价值是体系化的，包括直接性的经济价值、间接性的机会价值和综合性的未来价值。

因此，很多人也将口才称为“口财”，好的口才可以让人获得巨大的经济利益，顶尖的口才则可以让人所获得的利益呈几何级数增长。

好口才的最直接体现是高效沟通：有效率的沟通者通常比那些口才较差的对手更具力量和光明前景。

如果在日常工作或生活中你恰巧口才较差，你会感到因口才不佳而给工作和生活带来的种种不利。你一定会羡慕那些口才好的人。其实，你的确有一千个理由羡慕口才好的人，但你更有一万个理由可以成为具备高超口才变现能力的人。因为能够将口才能力变现的人都逐渐拥有了更好的、更令人向往的人生。

找到路，则不怕路长。不善讲话不要紧，有口才而不懂如何变现也没关系，关键是要认识到口才的重要性和口才与变现之间的关系，加强学习，百炼成钢。日日行，千里不在话下；天天读，万卷亦非难事；时时练，变现就在当下。

本书的核心宗旨就是教大家如何将口才的力量为己所用！你甚至可以通过一些数字高度涵盖本书的内容，而这些数字恰恰代表了口才能力中的软肋。既已点出，不妨一试：口才变现必备的三个条件，直接影响沟通的五项修炼，谈判口才的五个阶段，营销口才的六个关键点，职场口才的四种场景训练与三种沟通模式，人脉口才的七个方面，演讲口才的十一个场景……上述知识点看似简单，但若没有多年的打磨，是难以呈现出如此简单、清晰、有序的面貌的。

不管你是否羞于当众讲话，还是苦于不懂将口才能力变现，看过这本书后，只要你有决心改变，你的人生就不会输在不会说话上！

投资口才，装备未来！就在你拿起这本书的这个时刻，就等于种下了一粒神奇的“口才种子”，必然会在未来收获一生幸福的丰收果实！

口才改变人生，变现成就梦想！

目 录

上篇 口才变现逻辑思维

第一章 口才要以“变现”为结果导向

变现：口才最终指向的唯一结果 / 2
切记：不能变现的任何“口才”都是在瞎说 / 6
凭口才赚钱：口才要以“变现”为结果导向 / 8
口才变现必备的三个条件：自信、行动力、导师指引 / 13
直接影响沟通变现的五项修炼：形象、眼神、体语、饰物、位置 / 18

第二章 口才要紧盯主题，精准变现

精准，是好口才的第一要素 / 23
好口才要能够准确地表情达意 / 25
好口才要能够有的放矢 / 28
说话用词准确，提高口才准确性 / 30
不要忽视说话时身体语言的准确性 / 33
精准最高境界：即兴的精准流畅表达 / 36

第三章 谈判，凭口才赢得更多你想要的

谈判搞不定，啥都没有用 / 39

不同性质的谈判，需不同的口才来应对 / 41
谈判口才：有理有节，把话说到对方心坎里 / 45
谈判口才的五个阶段：导入、概说、明示、交锋、达成 / 48

第四章　一张口就要赢，成交才是王道

营销无处不在，口才不可或缺 / 52
让营销与口才实现完美融合 / 54
先攻人心，后做生意 / 57
口才做营销，关键在成交 / 59
凭口才做营销，不仅能说，更要会说 / 61
营销口才：赞美、恰当、直言、含蓄、委婉、幽默 / 64

下篇　口才变现场景实操

第五章　职场口才变现：用好自己的口才，实现职场目的

面试口才：自我介绍、问答应对、观点展示 / 70
升职口才：从一个靠说话屡获升迁的故事说起 / 74
加薪口才：跟领导谈加薪，这样开口比较合适 / 78
汇报口才：你应该这样向老板汇报工作 / 83
与平级沟通的口才：通过沟通，让平级同事理解和支持你 / 87
与下级沟通的口才：让“有效沟通”贯穿于管理全过程 / 90
与客户沟通的口才：最重要的是开场白和结束语 / 94

第六章　领导口才变现：让队员跟着干事业，为下属解决问题

与上级沟通的口才：善于上行沟通，有事半功倍之效 / 98

提高说服力：领导者的重大课题 / 102
领导好口才的标准：沟通、引导、激励 / 104
要巧妙说服下属，需要几招“攻心法” / 107
与下属沟通时，要把握好个人情绪 / 109
会说话的领导，能让批评“增值” / 111
赞美下属，领导应该这样来表达 / 114
领导口才艺术金句——值得一读的干货 / 117

第七章　人脉口才变现：凭借口才扩大人脉圈，获得更多的资源

人脉口才，是可以随身携带并变现的财富 / 120
立足社会，必须提升口才能力，扩大人脉圈 / 123
结交人脉，口才表达能力一定少不了 / 125
有好口才，能使人际沟通得心应手 / 128
人际交往，尊重是沟通的前提 / 131
人际沟通，先确立交流的主题 / 134
因人制宜，对不同的人说不同的话 / 136
懂得倾听，才能有针对性地沟通 / 139

第八章　演讲口才变现方式和场景

公众演讲场景：门票带给你最好的现金流 / 142
产品推介场景：让更多的人为你的产品买单 / 145
销售演讲场景：现场成交，卖出产品收回钱 / 148
招商演讲场景：精彩的演讲，吸引企业合作 / 151
资本路演场景：资本融资最佳路线图 / 153
竞选演讲场景：给别人选择你的理由 / 157
就职演讲场景：为你的未来打开一扇窗 / 159

发布会演讲场景：口才是让别人了解你的第一名片 / 163
动员会演讲场景：激情点燃全场，让听众为你拼命 / 165
报告会演讲场景：让观众在你清晰、精练、准确的表述中认可你 / 167
脱口秀演讲场景：让观众在笑声中为你买单 / 169

第九章 培训口才变现：通过企业培训，让员工创造利润

企业培训，旨在激发员工内力，引爆企业利润 / 172
要想培训口才变现，就必须注重调动观众 / 175
优秀的企业培训讲师应该具备“讲”的能力 / 177
把灌输模式转换成对话模式，培训才更有效果 / 179
“道”大于“术”，培训的内容要结合培训的方法 / 181

第十章 直播带货口才变现：利用短视频直播，实现带货变现

直播带货过程，就是一个说服他人的营销演讲过程 / 186
短视频直播带货时代，不会演说就很难成功 / 188
学习录制短视频，可以破解口才成长“瓶颈” / 191
想直播带货变现赚快钱，就要有一口流利的口才 / 195
主播拥有好口才，就能在直播舞台上尽情绽放自己 / 198
主播的好口才并非天赋才能，都是靠刻苦训练得来的 / 200

后 记 / 203

上篇
口才变现逻辑思维

第一章　口才要以“变现”为结果导向

说话是人类与生俱来的能力，我们每天都要与人沟通，有用的话要说，没用的话也在说，毕竟说话又不费力气。但说话需要一个结果，不能为了说而说，而是要尽量说好每一句话，将普通的言语锤炼成金句，让说话具备变现的能力，这就是我们需要的结果。

变现：口才最终指向的唯一结果

智商决定一个人的下限，情商决定一个人的上限。一个人的成功，20% 取决于智商，80% 取决于情商。而情商中最重要的能力是人际关系的处理能力。而一个具有好口才的人，能更好地处理各种人际关系，从而获得更多的机会，同时避免更多的麻烦。

曾经，人们将好口才定义为会说话，也就是同样一句话，不同的人说，会得到不同的效果。说的人看似轻描淡写，但听的人却如沐春风。虽然好口才不一定能直接帮助人们得到想要的，但却能让人们更加接近目标。

如今，对于好口才的定义更具高度，也更加具体，好口才不仅要让别人舒服，还必须具有直接变现或间接变现的效果。说出的话，不仅是一句高质量的话，还能给自己带来切实的经济收益。关于通过说话获得收益的方面，经常进行商务谈判或营销的人应该很熟悉。

口才的直接变现就是通过各种说话的方式直接获得经济收益，这些说话方式可以是产品信息的输出或接收、需求信息的互通有无、产品价位的商讨等，具体方式如下。

（1）直播带货：就是靠主播不断介绍产品和与粉丝交流，促使粉丝购买产品，以获得收益。

（2）电话销售：通过电话渠道与潜在用户沟通，沟通顺畅就有机会获得订单，从而获得收益。

（3）线下店铺销售：通过与顾客面对面交流，获得顾客的信任，并通过向顾客推销商品，获得收益。

（4）大宗商品营销：通过不断地与用户交流商品信息和相互需求，并讨价还价，实现商品的买入和卖出，以获得收益。

（5）商务谈判：双方或多方正式会晤，将各自所需和对对方的要求罗列出来，通过不断融合，力争达成共识实现交易，从而获得收益。

……

无论是哪一种，直接变现几乎都围绕着交易关系展开，可以通过一次或多轮次的反复交流，决定是否能够达成交易关系，即是否能够实现“沟通变现”。

如果将直接变现看作显性机制，可以直接将口才价值转化为经济价值。那么，间接变现就是隐性机制，未将口才价值与经济收益直接挂钩，需要一个转化的过程，这个过程或许很短，也或许很长，但当转化发生时再回过头来看，就是当初的口才价值得到了切实的回报。

因此，口才的间接变现更像是先做“埋点”、后得效益的预埋行为。比如，某人同另一个人进行了一场高质量的对话，当时并没有获得什么收益，但半年后，他接到了一单生意，对方正是当初同他对话的那个人。很显然，对方对于那次对话的印象非常深，以至于半年后有相关生意时，仍能首先想到他。

口才变现中的“现”，不一定是现金，还有可能是产生现金价值的其他方面，或者是能为产生现金价值提供帮助的其他行为。比如，通过好的口才，获得了职务上的提升，获得了高阶人物的赏识，获得了可以发挥更佳能力的机会，获得了能够帮助自己愉快工作的好心情，获得了能够让自己进一步成长的良好环境，获得了帮助他人取得更大收获的愉悦感等。

在口才的间接变现方面，我们可以向诸葛亮学习。诸葛亮的历史定位，首先是政治家，然后是军事家，接下来是发明家，最后是文学家。关于这四个方面，基本都有耳熟能详的事例传下来。诸葛亮治蜀功绩之卓越、运筹帷幄之高绝、诸葛连弩之威力、出师表奏之真挚，无不体现了他一生的光辉。那诸葛亮究竟是如何达到这样的历史高度的呢？更为恰当的问法就是，他是如何让自己走向蜀国的政治前台的呢？

这一定与“三顾茅庐”有关，当刘备听到了“卧龙”“凤雏”的名头时，甘愿屈尊三请。那么，诸葛亮又是如何博得“卧龙”的大名的呢？这段从无名到扬名的过程，不仅在于诸葛亮确有才华，也得益于他能够将自己的才华巧妙地展现出来，并能够得到当时很多名人的认可。诸葛亮自比管仲、乐毅，在隆中与很多慕名前来的人讨论当时的天下大势，说出自己若出山将采用何种策略。这些慕名者在认可其才华后，更成为为其播撒名望的“种子”。司马徽曾当面对刘备说：“诸葛孔明堪比兴周八百年之姜子牙，开汉四百年之张子房。”这才引得刘备无论如何也要请诸葛亮出山。

试想，如果诸葛亮只是有才华，却没有让才华被世人认可的表达能力，他断然不会在三国乱世时还未出山就成为“卧龙”。诸葛亮在出山前对自己的经营包装，就是其口才变现的集中体现。口才变现的核心是要创造出可以变现的结果，无论是直接的还是间接的。诸葛亮没有通过未出山之前的口才为自己带来直接的变现结果，却带来了间接的后续结果，他被访出山辅佐刘备，成就了蜀汉事业。

通过以上阐述可以了解，无论语言多么流畅，多么华丽，只有创造出实质的结果，才能称为有用的口才。这种结果不一定是钱，能帮助自己或他人成长，能使自己或他人愉悦，能帮助自己或他人创造更多财富，都叫口才。如果所讲的一切，既不能给自己和他人带来快乐，也不能给自己和他人带来收获和成长，那这只能称作“嘴皮子”。

所以，滔滔不绝、口吐莲花、字正腔圆都不等于口才，真正的口才是能创造结果、创造收获，能够真正达到目的，让人们从语言中达成共识。

切记：不能变现的任何“口才”都是在瞎说

在现实生活中，总能看到这样的场景：

一群大爷大妈坐在一起，聊着相互间熟知的、不熟知的话题，时而情绪愉快，时而情绪凝重。但是，此时谁也不能先离开，因为谁先离开，下一个谈论的话题极大可能就是他。

很多人也认为，说话谁不会啊，天天都在说。事实的确是这样的，只要是发声系统健全的人，每天都在说话，而且每天会在很多种不同的情境下说很多的话。但是，问题来了，每天说这么多话，有什么价值吗？也就是给自己带来什么收益了吗？大多数人好像都没有通过讲话给自己带来收益，讲话只是讲话，未能和收益形成关联，就像上面的大爷大妈。

一定有人认为，大部分人都不是演说家，口才也没有那么厉害，当然不会从讲话中获益，人们讲话的目的只是日常所需，比如购物需要交流，找工作需要交流，与人讲道理需要交流，上学需要交流，工作需要交流，吃饭时会交流几句，睡觉前也会交流几句。

我们不是要否定这种日常交流，但我们的交流不能仅限于日常交流，更不能仅限于日常交流带来的常规化收益，比如购物时的交流让我们达成商品交易，找工作时的交流让我们获得工作机会，学习时的交流可以得到知识，工作时的交流能够得到薪水，吃饭时聊聊天能够让人身心愉悦，睡觉前聊聊天能够缓解疲惫。

如果将上述解读为语言的力量，只能说明你并未真正认识到语言的力量，更加不了解好口才所具有的能量。

语言的力量，不在于具有讲话的能力，而在于如何将语言说好，并从语言中获得变现的机会，为自己谋得实际利益。

有一次，马克·吐温到教堂里听牧师做号召募捐的演讲。牧师不仅知识渊博，口才也不错，演讲中列举的案例生动，引人共鸣。马克·吐温被深深地吸引了，他决定等到演讲结束后就捐款。但牧师讲得太过投入，话题越拉越远，虽然内容涉及丰富，但已经偏离了捐款的主题。听演讲的人也逐渐由最初的饶有兴致，变得有些不耐烦，马克·吐温改变了主意，决定一会儿只捐一点零钱。但牧师还在滔滔不绝地讲，观众听得越来越焦躁，很多人失去了耐心，离开了。牧师对众人的反应意会错了，以为人们嫌他讲得少了，于是他更加卖力地讲着，力争用更有渲染性的辞藻和新奇的事件打动大家。终于，牧师的演讲结束了，轮到大家捐款了，结果只有很少的人捐了一点钱，马克·吐温一分钱也没有捐，他对这次演讲非常不满意。

可以想象，牧师在整理捐款时一定很伤心，自己用尽心力的演讲竟然没有收到多少效果，下次的演讲一定会更加用力，时间更长，辞藻更为华丽，案例更为丰富。但我们都明白，问题不在这些，牧师需要做的是如何精简演讲，让演讲短暂而有力，能够最快速地打动人心，来收到最好的效果。

陈鲁豫在《我是演说家》上作了一篇演讲，叫《表达的力量》，演讲中她不断重复一句话："语言是有意义的，表达是有力量的。"

好口才有多么重要，相信每个出入社会的人都领略过。语言的力量不在于数量，而在于质量。只有高质量的口才才能有高价值的收获。

同样的一句话，不同的人，会有不同的效果。熟悉欧洲历史的人一定听过这样一句话：一条舌头能抵三千条毛瑟枪。拿破仑·波拿巴是著名的军事天才，却如此称赞口才的重要性，怎能不让我们产生深思。不仅是过往的时代，在如今越发注重口才的年代，说话的能力早已成为现代人必须掌握的主要技能了。在职位竞争、应聘面试、推销业务、聚会交谈等场合，都需要有好的口才。

口才绝不是普通意义上的口若悬河，而是要能产生有价值的结果，最主要的体现形式就是变现。俗话说，"说者无心，听者有意"，话不能轻易说，更不能随便说，因为说出的每个字都会被别人解读，如果于事不利甚至产生负面效果，那么再漂亮的语言都是无用的。

因此，我们必须提升自己说话的艺术，以让自己的工作、生活更加顺利，人际关系更加和谐，未来更加光明。

凭口才赚钱：口才要以"变现"为结果导向

这是来源于国外的一个真实的故事。

在一个风和日丽的下午，广场上人来人往，角落里有一个盲人乞丐，他旁边竖了一块牌子，上面写着：I' m blind please help!（我是盲人，请大家帮助我！）

人们匆匆走过，很少驻足，给钱的就更少了。一位年轻女士从盲人乞丐身前停下，她没有给钱，而是掏出笔在那个牌子的背面写下了一行字，然后把这一面朝着路人又放回去，就离开了。

奇迹发生了！开始不断有路人在经过时放慢脚步，纷纷掏出零钱施舍给这位盲人乞丐。盲人乞丐一边感谢着陌生人的帮助，一边好奇不知道发生了什么。他向路人寻求答案，一位踩着滑板的男孩子对他说："刚刚那位女士在你的纸板背面写了一行字，是 it's a beautiful day and i can't see it!（这是美好的一天，但是我却看不见它）。"

盲人乞丐明白了，原来是这句话引起了人们对他的同情。是啊，多么美好的一天，有人看得见，有人却看不见。短短的一句话，没有什么修饰，甚至是无声的，却对旁人产生了影响。这是一次"无声的沟通"，也是一次完美变现，甚至带着些浪漫的味道。

改变你的话语，改变你的世界。语言是行为学的一门艺术，有时能帮助我们化解尴尬，有时能帮助我们解决一些问题，有时能帮助我们赚钱。

生意场上有一句俗话，"生意三分靠做，七分靠说"。想要做好生意，离不开好的口才，不管是推销产品还是商务谈判或者其他沟通场合，能说到点子上的生意人更容易赚到钱。所以人们说想要富口袋，先要富脑袋，尤其是在处处讲沟通的时代，口才是最强资本之一。

一个人的说话能力，常常被当作考察这个人综合能力的重要指标，一个人发展成功与否也往往与其说话能力密切相关。所以，具有卓越口才变现能力的人越来越显示出一种独特的优势，可以在生活的各个领域因口才智慧的有效发挥而充分施展自己的才干，并给自己的事业注入最大限度的成功因素。在现代生活中，人们越来越重视口才方面的知识和修养。

游刃有余，口才就是生存之本。

职场生存凭什么？一定是综合能力，而综合能力其中最关键的一项就是口才的变现能力。以“变现”为结果的口才是现在职场人士的必备能力，它影响着你的晋升、加薪，决定着你事业的成败。职场人士的口才变现能力都直接体现在自身收益上，可能因为一句话而得到机会，也可能因为言语不当而丢了饭碗。所以，不要低估了职场上的任何一句话，它是你的安身立业之本。

一个具备良好口才变现能力的职场人士，可以让领导注目，让同事欣赏，让下级敬佩，让客户忠诚。因此，好口才能够极大地提升一个人的职业形象，平衡一个人的职场人际关系，拉升一个人的职场前景，让你在职场舞台上顺利地大显身手，促进职业生涯的发展。

有的放矢，口才诠释生意经。

生意场上形容会做生意的人，会用一句看似夸张的话，叫“嘴巴一张，黄金万两”。其实真的是夸张吗？无论是街头小贩，还是门店导购、销售人员，抑或是经营者、企业家，做生意的核心都是要对顾客 / 客户说话。从简单的一句“欢迎到来”，到询问顾客需要，顾客感受到的是彬彬有礼和来自外人的悉心关怀；从拜访客户到成交的临门一脚，客户体验到的是专业素质和诚意；从谈判桌上的严肃到合同签订后的认真履行，客户看到的是信赖和真诚。而这一切的核心，都体现在口才功力上。

在秘鲁西部的一个小镇上，当地人有喝可可放鸡蛋的习惯，但路过的外乡人并不知道他们有这个习惯。当地有两家饭店，因为向用户推销可可的方法有一点不同，结果造成了巨大的销量差别。根据下面的描述，猜猜看哪家的可可生意更好?

A 饭店经营者在顾客来时，会问“在可可里放一个鸡蛋还是两个鸡蛋”，顾客一般都会选择“放一个”或者“放两个”，很少有人会直接说“一个也不放”，还有一些好奇心重的顾客会要求放更多的鸡蛋，以体验不同的味道。

B 饭店经营者在顾客来时，则问“放不放鸡蛋”，顾客的回答多是“不放”，该经营者几乎每次都要向顾客解释放入鸡蛋的美味，但坚持“不放”的顾客依然占多数。

答案已经相当明了了，两位经营者不同的说话方式，导致了完全不同的经营状况。A 饭店与顾客交流的变现效果极佳，B 饭店与顾客交流的变现效果很差。其实，类似事情在日常生活中经常出现，试着用发现的眼睛将它们找出来。

成功是一件困难的事情，但有时候成功和失败只是一步之遥，“恰当的语言”就是转换失败为成功的桥梁。如果掌握了这门艺术，不仅可以在人际关系中如鱼得水，还能产生不可估量的经济效益!

某公司在举办产品展览会上，有一名年轻的营销人员用非常专业的术语向消费者介绍公司产品的原材料、配方、性能和使用方法，给人们留下了精通业务的印象。他在回答消费者提出的各种问题时，不仅反应快，而且语言组织非常到位。

甲消费者问：“你们公司的产品真的像广告上说的那么好吗？”

他回答：“尝试后感觉会比广告上说的还好，我们的广告宣传是有所保留的。”

乙消费者问：“如果买了之后感觉不像你们宣传中说的那么好怎么办？”

他回答：“效果不好，却宣传得好，就是违法行为，那我们应该被法办。”

消费者听后，一阵大笑。接下来的问答更为轻松，本次展会取得了成功，不仅产品销量超过以往，还极大地提升了品牌知名度。

当然，口才不是要将一个普通商品夸得完美无瑕，那样是骗人；而是要让商品能以更加饱满的状态呈现给消费者，让消费者在自我需求的驱使下主动消费。

掷地有声，口才就是领导力。

如今，口才卓越的领导者越来越显示出一种独特的优势，也越来越受到人们的尊敬和喜欢。一个优秀的领导者一定有一种独特的语言魅力和说话艺术，可能说话中肯有力、言之有物；可能说话言辞犀利、气势威严；可能说话亲和幽默，感染性强；可能说话外引内联、内藏乾坤……无论是哪一种说话风格，都能起到凝聚合力的作用，为集体创造物质财富和精神财富。

不难想象，一个口才能力不够强的领导者是无法在工作和管理中支撑局面、树立权威、威慑众人的。领导者的口才变现能力或许会体现在当下，或许会随着时间的沉淀逐渐发挥作用，但无论时间长短，一流的口才变现能力能让领导者成为巨大财富的实践者和缔造者。

由此可见，良好的口才变现能力是通往财富大门的金钥匙。职场人士拥有它，可以提升职业前景；生意人拥有它，可以实现发财致富的梦想；企业家拥有它，可以为雄厚的资本再添一份力；领导者拥有它，可以树权威，做榜样，塑造人格魅力，成为人生赢家。

口才变现必备的三个条件：自信、行动力、导师指引

网上看到某人的一段经历，原文如下：

“我在 GE（通用电气）工作的时候，有一年一个项目组要去参加中国区的一个‘年度项目’评选活动。入围的项目都有可圈可点的地方，所以现场的呈现变成了‘兵家必争之地’。项目经理找到我，请我帮他们‘打磨’一下 PPT 文件，希望它的呈现既有 Power（力量），也有 Point（要点）。同时，也帮他们梳理一下项目介绍的步骤和话术，希望有逻辑，有重点，能打动人。

我几乎给他们的 PPT 做了一个‘大手术’，从结构布局，到内容精简，到颜色方案，到字号搭配，再到标准统一。同时，建议他们在介绍项目的时候采取‘总—分—总’的结构，并将故事植入‘STAR 工具’当中，即 Situation（背景形势）、Task（任务描述）、Action（采取的行动）、Result（达成的结果），以便打动评委。

结果是，我辅导的这个项目最终胜出，成为‘年度项目’，拿到了 10

万元人民币的奖励。你看，沟通变现就这样华丽地实现了。”

阅读上面的文字，你有怎样的感触呢？文字作者在最后强调的是“沟通变现”，但全文的重点都在说如何“打磨”一篇 PPT 文件，那么又是怎样体现出沟通的呢？其实，PPT 是通过过程中的一种辅助工具，将所阐述的内容系统化地呈现出来，PPT 上的内容只是阐述的梗概，具体仍需要由人详细讲述。

文字作者在修改 PPT 时，需要着重体现“力量”和“要点”，这两点在口才中也非常重要，可以通过“力量”体现讲话者的自信，再通过“要点”夯实自信的基石；并且用更有行动力的“总—分—总”结构植入故事，让这个项目极具执行效果。整个 PPT 的修改过程犹如一场专业的导师指引，让该项目拿到了奖励。这不就是将口才变现的完整过程吗？如果没有这次“打磨”，原 PPT 文件就是中规中矩而已，与其他入围项目比较起来难有亮点，拿着没有亮点的 PPT 进行演讲，也肯定难有好的表现，毕竟 PPT 中提炼的核心都不够高级，以此为基础的陈述又怎会高级呢？

通过对上述案例的深入分析可知，好的口才表达能力离不开三个必要条件的支撑，即自信、行动力和导师指引。

1. 自信是口才变现的根脉

不懂得树立自信心，只片面地强调口才，无异于舍本逐末。口才固然重要，但好的口才背后一定还有强大的自信做支撑。

缺乏自信，会导致说话时有畏惧和自卑情绪，心虚胆怯，情绪紧张，影响语言的流畅性，对交流造成障碍。如果拥有自信，会对自己说出的话有把握，可以自如地控制语速、语调和用词，不仅言语有力有度，感染力也很强。

建立自信的方法有以下几种。

（1）说话时要抬头。低头、垂目，会自带卑微感；而说话需要给人朝气蓬勃的感觉，要昂首、挺胸、谈吐自若。

（2）说话时姿态要稳。如果说话时坐立不安、来回摇晃，会让人心绪不稳，导致情绪紧张。站如松，坐如钟，说话就会自带稳重感。

（3）说话时要正视对方。不正视对方通常意味着自卑，认为自己不如别人或者自己的观点站不住脚。正视对方等于告诉对方：我心态很稳，毫不虚懦，我对自己阐述的观点非常自信。让自己的眼睛给别人一种震慑力，不仅能增强自己的信心，也有助于获得别人的信任。

（4）说话时可以适时笑一笑。笑能增加亲和力和推动力，当遭遇尴尬情景时不妨笑一笑，当面对别人的质疑时不妨先笑笑再回答，一颦一笑间可以抖落压力，让自己更加从容。

（5）说话时尽量在人多的场合。很多人不敢在大庭广众之下发言，是源于恐惧感，怕自己说不好，怕别人不认可，怕被嘲笑。其实，任何人讲出的话都不可能被所有人认可，一定会遭遇反对意见，因此不要因为这一点而阻碍自己锻炼口才。克服恐惧感最快、最有效的方法就是多去做自己胆怯的事，逐渐驱逐胆怯，建立自信。在众人面前慷慨陈词，即便说错了也没有什么，自己已经表达了内心的想法。

2. 行动力是口才变现的主干

口才不会与生俱来，也不会从天而降，就像大树需要从小树苗长到参天之巨，口才也要培养。锻炼口才需要的是持之以恒的毅力和行动力。下面笔者整理了锻炼口才的五种方法。

（1）锻炼吐字能力。多念文章，训练口齿，做到每天定时定量，对于经常出错的地方可以录下来，反复听，找出不足，着重练习。

（2）培养逻辑思维能力。逻辑思维是否清晰决定了说话的逻辑性，可以将一段新闻缩减成一个概要，提取内容，然后读说给别人听。

（3）训练当众表达的胆量。这一步必须跨出去，才能与害羞说“不”。多与人沟通，尤其是与比自己强的人进行一些有益的辩论，通过实践锻炼自己的勇气，提高自己的表达能力。

（4）有恒心坚持长期练习。口才训练是一项长期性、永久性的事情，既要循序渐进，量变促成质变，也要持之以恒，始终保持进步。

（5）积累知识储备量。口才像一辆汽车，表达能力是发动机，知识积累、业务能力、敬业精神是汽油。没有汽油，再好的发动机也没用。腹有诗书气自华，随着人内在综合实力的提高，外在气质也会出现相匹配的分值上升，提升整体战斗力。

3. 导师指引是口才变现的营养物质

在一个自己不擅长的领域，如何能快速建立自信，并让自己快速成长呢？有相关领域的导师进行指导，是最好的方法。因此在口才变现的能力上，专业导师所给予的专业性的指导同样重要。专业导师能给口才的提升带来哪些影响呢？可以归纳为六个“打开”。

（1）打开声音。说话时要放开声音，抑扬顿挫、铿锵有力，如此讲出来的话才具有感染力。口才能力欠佳的人往往打不开自己的声音，嗓子总像被什么堵住了一样不受自己的控制，导师会从呼吸节奏、心跳锻炼、发音方式、嘴型锻炼等方面进行有针对性的指导。

（2）打开手势。将手势和打开关联在一起，好像不太通顺，但如果说“打开肢体动作”，是不是更好理解了呢？很多人说话时，肢体非常拘谨，浑身上下一动不动，给人一种僵硬感。好的谈话方式一定不是这样的，肢体语言需要对讲话内容给予一定的配合，以丰富讲话时的互动氛围。导师会根据每个人的不同情况进行肢体语言的引导，主要是手势动作，会根据人的性别、性格、年龄、职业等特征进行设计。

（3）打开表情。与人交谈时，表情是非常重要的附加表达方式，人不可能面无表情地交流，也不可能以始终如一的表情与人交流。如同演员都会进行表情训练一样，导师也会指导我们进行表情训练，只是相对于演员，交流中的表情更应真诚。也就是说，交流中的表情虽然也需经过练习，但核心是真诚，这是与人交流的重要之处。

（4）打开目光。很多人在交流时，总是目光散乱，没有用肯定的目光体察别人，而是四下乱看，完全不懂得眼神交流有时会比语言更具有说服力。导师会指导我们如何练就坚定且真挚的目光，并通过目光去感染他人。

（5）打开思路。口才高手都知道一个道理：一切话语都是有思路准备的。只有思路明确、中心突出，主题才能清晰，整体语言的组织才更具感染力和说服力。要如何进行思路准备呢？关于这方面，导师的指导中一定离不开四点：①谈话之前的准备；②谈话核心的确定；③谈话之中的反应；④谈话之后的复盘。

（6）打开心门。与人交流必须打开自己的心，心打开了，才愿意去交流，愿意交流才会讲得更清楚、更完整。导师会告诉我们打开心门的重要性，也会让我们切身体会打开式交流与封闭式交流的不同之处，以更快地适应打开式的交流。

直接影响沟通变现的五项修炼：形象、眼神、体语、饰物、位置

很多人在修炼口才时，认为只需要将嘴皮子练好了，沟通就会变得顺畅，通过沟通获得利益的机会也将大增。但是，现实中存在着口才很好却不怎么受人待见的一类人，他们并未通过自己的口才变现能力获得与之相匹配的利益收益，也就是沟通变现的能力不强。原因出在哪里呢？先来看看下面一个例子。

A 公司生产部需要一批原材料。

B 公司的销售员小赵骑着自己黑亮崭新的踏板摩托到场，西装笔挺，皮鞋反光，发型精致，双目炯炯有神，给人的感觉既干练又有范儿。与 A 公司代表见面时，握手致意，自我介绍，交换名片，从公文包中取出材料，每一页图表都经过精心设计，且装订齐整。在与 A 公司代表交谈时，站有站相，坐有坐相，言谈举止颇为得当，一言一行都显示出一个专业人士的可靠形象。

C 公司的销售员小钱乘坐出租车到场，上身穿一件皮夹克，下身穿一条水洗布裤子，走下出租车的一刻刚吃完最后一口面包，头发有点凌乱，

看起来不太像一位专业销售人员。与 A 公司代表见面时，握手、自我介绍和交换名片一气呵成。在从公文包中取出材料时，能明显听到钥匙链的响声，材料一共三份，过程中还掉落了一页。在与 A 公司代表交谈时，一直跷着二郎腿，一副熟人见面分外亲热的感觉，但言行举止并不让人感到可靠。

那么，假设 B 公司和 C 公司在企业规模、盈利能力、技术水平等方面相近的情况下，A 公司如果必须从 B 公司和 C 公司中选择合作对象，会选择哪一家呢？原因是什么？

看到这儿想必大家都会知道，A 公司一定会选择和 B 公司合作，因为在其他条件相差无几的情况下，B 公司的销售人员更能打动 A 公司的代表。

很多情况下，沟通往往在未开口时就已经开始了，就是来自沟通双方对对方留下的形象分。

眼睛看到的信息一定比耳朵听到的多，因此，只修炼说话技巧相当于只练就了一部分功力，会必然性地感觉沟通乏力和低效。

“细节决定成败”，这句话对于沟通也同样适用。因为在语言之外，还有五个方面可以直接影响沟通变现。

第 1 项修炼——个人形象

个人形象是从头到脚的一系列形象的总和，包括发型、五官、眼神、着装、配色、鞋袜、饰物、随身物件……所有的一切都在显示着一个人的身份、品位和对工作、生活的态度。

想了解自己的整体形象如何，可以多照镜子，看看头发是不是清爽，眼睛是不是有神，牙齿是不是光洁，服装是不是干净……这还不够，还应以人为鉴，请好友为自己的形象发表真实感受，并提出意见。当然并非所有的意见都是正确的，人人都有各自的审美，但一定要学会吸收对自己有价值的意见，并不断修正自己的形象。

第 2 项修炼——情人般的眼神

建议各位重温朱时茂与陈佩斯演的经典小品《主角与配角》，注意看陈佩斯是如何演得像反派人物，又是如何演不好正派人物的？关键都在眼神上。眼神是一个不好精确描述的要素，给人的感觉却至关重要。

有一个叫原一平的日本人，专门修炼眼神，他修炼的目标是“情人般的眼神”，后来他成了推销之神。眼神是大功率杀伤性武器，不可不练，不可不备。

现在来轻松一会儿，听听蔡琴的《你的眼神》：……虽然不言不语，叫人难忘记，那是你的眼神，明亮又美丽，啊，有情天地，我满心欢喜……

第 3 项修炼——肢体语言

建议重复收看小品《主角与配角》，仍然看陈佩斯，这次是看肢体动作，可谓一举一动皆关情，他的所有动作都在完美地诠释着一个反派人物。

动作语言并不比口头语言所传达的信息少。行走时，是昂首挺胸，还是弯腰驼背？坐下时，是半躺半倚，还是上身笔挺？与人打招呼时，是一个指头对着对方，还是用手掌指向对方？与人交谈时，是聚精会神倾听并适时发表自己的看法，还是一边听人说话一边搞小动作（如摆弄手机、钥匙串之类）……这些都将关系到沟通效果和沟通变现的成败。

如何在动作上像个专业人士，模仿是一条捷径，可以向身边那些受欢迎的人学习，可以从相关专业中学习。

第 4 项修炼——身外佩物

回到本节最初的案例上，B 公司的小赵是骑自己的踏板摩托来的，可能车辆本身的价值不高，但摩托被擦拭一新，给人的印象会非常好。回想小时候，基本上每个家庭的生活都不富裕，穿的衣服、鞋帽，背的书包、文具等，都没有新的，但有的孩子的衣服和东西总是很干净，有的孩子在这方面就差一些。妈妈常跟我说："衣服不是新的没关系，但一定要干净。"

如今我们很少穿着很旧的服装和用很旧的东西了，那么更要干净整洁，要让本来有一些档次的服装和饰物发挥其最大化价值。虽然我们不倡导"以外表取人"，但第一印象是非常重要的，赢得了第一印象分对于后续的交流是非常有益的。而且，将自己打扮得得体到位，也是对他人的尊重。所以，你的"坐骑"、房间、办公室、办公桌、钱包、烟盒、名片夹、文字资料、图片册……这些身外之物都与自己的形象息息相关。

第 5 项修炼——空间位置

很多人不会注意与他人接触时的空间位置关系。不同的人对距离有不同的偏好，有些人喜欢坐得近些，有些人喜欢保持距离，不同的场景（如公司、车上、电梯、餐厅、茶楼等）的位置也有所不同。这些细节之处，有心人能看得出来，并做出相应的调整，以促进良好的沟通。

忽视空间语言，往往吃了亏还不知道发生了什么！在培训时，一位学员讲述自己第一天上班的经历，被分配去采访一个会议，他竟然坐在了主席台上，让台下参会的领导好生尴尬。会后到餐厅，他又率先坐在宾客的位置上，很有些“王者”格局。后来他被领导训了一顿，搞得灰头土脸，在那家公司勉强干了半年就离职了。

空间语言是经常被忽视的、影响沟通效果甚至是决定沟通成败的附加类语言，在这方面表现得好是正常的，好像也不能给自己加分，但表现得不好则一定会给自己减分，并严重影响整个沟通效果。

第二章　口才要紧盯主题，精准变现

如果只是将表达定义为说话，就没有什么具体的要求了。但若是将表达定义为口才，标准就多了。其中的一个核心要求就是要有主题，并且在表达的过程中都能紧扣主题。因为只有抓住主题，才能实现精准表达；也只有表达到位了，想通过表达而达到的目标才能实现；目标实现了，变现也就实现了。

精准，是好口才的第一要素

讲话的能力是人类与生俱来的，但并不是说只要具备了这种能力，就能做到敢讲、能讲、会讲。许多人肚子里有一堆话，但是“茶壶煮饺子，倒不出来”；许多人只会讲方言，一说普通话就破功了，因而交流受阻，发展受限。

会说话，有很强的表达能力，能让自己在错综复杂的人际关系中游刃有余，在给自己带来好人缘的同时，也能在迈向成功的道路上少走弯路，少一点荆棘，多一些坦途。

好口才的第一个重要因素是必须精准表达，紧扣主题，因为与人讲话必须突出重点，若是讲了半天都说不到点子上，那还不如不说。

张老太和李老太聊老伴儿生病了，李老太关心地问张老太的老伴儿病情怎么样了，张老太开始娓娓道来。张老太便从老伴儿几十年前就出现一次尿血开始，说到最近上厕所有些疼痛，然后她如何劝说老伴儿看病，但老伴儿不听。后来想让儿子帮着劝，但因为孙子处于中考阶段，不希望儿子分心而作罢。再后来让女婿帮着劝，但女婿工作很忙碌，女儿又是如何交代女婿的，女婿赶过来路上发生了什么事情，女婿劝说老伴儿看病的全过程，老伴儿如何从抗争到最后妥协……李老太中间急得数次打断张老太，希望她快点说出结论，但一直到李老太离开回家做饭，她也没能听到张老太的老伴儿到底得了什么病！

如果谁在现实中遇到这样的人跟自己讲事情，恐怕也会被急得半死。人家问的是病情，就不要讲那么多与病情无关的事，只围绕病情精准阐述即可，这就叫作紧扣主题。如果对方问起是如何发现的或者其他的什么事，那么可以针对对方提问的点进行相关讲述。无关紧要的废话，既没有实际意义，也会让听者心急感到茫然不解，抓不住对方讲话的中心，时间长了就失去了继续听下去的兴趣，对于讲话者而言，自然就不会收到理想的效果。

那么，如何做到精准表达呢？

仍以上面张老太和李老太的谈话主题为例，我们给张老太的口才能力来一次越级，让她成为口才达人。

李老太："大嫂子最近这些天没看见你遛弯儿啊，忙啥去啦？"

张老太："唉，前些天老伴儿病了，住了几天院，这不得伺候嘛！"

李老太："啊，大哥病啦？啥病啊？严重吗？"

张老太："不严重，膀胱里有些发炎，做了膀胱镜和活检，没大事。挂了几天吊瓶，炎症消了。"

李老太："怎么发现的呢？平时有什么异常症状呢？"

张老太："上厕所感到丝丝拉拉的疼痛，不敢用力。一开始不敢去医院，女婿来好顿劝，才去了。膀胱镜挺疼的，取活检时都吓坏了，以为是大问题呢！"

李老太："这是提早发现了，如果拖时间长了，不就容易成大病了吗？"

张老太："可不嘛……"

从上面的内容可以看出，两位老太进行的是一次简练的对话，全程无废话，问得关键，答得精准。虽然这只是一次普通的日常谈话，好像影响不了什么人生轨迹，但是，如果这种精准的口才能力能够养成并形成习惯，那么在其他各种场合与人交谈时，都将会给自己增加很多形象分和价值分。当量变形成质变后，口才的变现效果就会显现出来，人生的轨迹也会发生改变。

好口才要能够准确地表情达意

表达精准，一句话胜过十句话；表达精准，一句话可抵万人心。我们不仅要会说话，更要把话说得明白，说得准确，如此才能把自己的观点清晰地传达给他人，以达到更好的沟通效果。

一个有好口才的人会很自然地成为团队的中心，口才不是口若悬河，不是堆砌辞藻，而是一个人智慧、胆量、学识、素质、仪态等综合能力的体现。一个有好口才的人，可以准确地表达自己的意图，清楚地阐述自己的观点，使别人乐于接受和信服。

为什么一定要强调准确表达呢？因为将事情准确地说出来，是交谈的目的，也是好口才的标准。如果你是讲话的人，一定要说得到位，说得精确，说得让他人心甘情愿赞同你的观点。千万不要像下面这位主教一样，自认为讲得很好，但听众并不买账。

“一战”期间，英国阿普顿军事基地的士兵将要启程参战了。临行前，基地指挥官请来主教为全体士兵演讲，目的是激发士兵的斗志。士兵们的文化水平普遍偏低，大家都不知道为什么要去参加这场战争。面对这些上了战场可能随时会死亡的年轻士兵，主教的宣传主题竟然是“维护国际和平”和“塞尔维亚要有独立自主的权利”。

士兵们听得云山雾罩，根本搞不懂主教在讲什么，渐渐地骚动起来，他们不耐烦了，有的士兵大声嚷道：“我不管什么世界和平，我就想知道，军饷会不会按时发下来？”也有士兵喊道：“我们去多长时间能回来？我老婆要生孩子了。”还有士兵喊道：“我还不想死，我还没结婚呢！”越来越多的士兵高喊：“要是被俘了怎么办？”“死了的话，能有多少抚恤金？”“残疾了，国家有什么优待吗？”……士兵们的喊声早已盖过了主教的声音，他没办法再讲下去，只得离开了。

这次演讲没能起到预期的效果，士兵们的士气不仅没有得到提升，相反都憋了一肚子气。这次演讲之所以会搞成这样，就在于主教没有搞清楚演讲的对象是谁，这是一群没什么文化且随时可能会送命的普通大兵，他们关心的只有“升职”“奖励”“惩罚”“被俘”“残疾”“死亡”等非常现实的问题。很显然，这位主教对自己演讲的对象一无所知，对沟通要达到的效果和目的也毫不了解。所以即便他的演讲词再动听，但没有紧扣主题，也没有准确地讲出听众所期望的答案，演讲自然会以失败告终。

其实，每一次口才能力的发挥，都带有很强的目的性，即能否变现、怎样变现，以及变现的效果。明确谈话的目标和对象，组织好语言的前后逻辑，紧抓重点，灵活地运用一些能够达成目的的方法，如幽默、比喻、沉默等，是保证沟通顺利进行的前提。

准确的表达不等于简单的说话，在大脑中尚未形成完整的逻辑链条时，嘴巴不能急于开始表达。因为，这时的思维链条并不完整，着急说话的结果通常是说错、说乱、忘说或卡壳，出现任何一种情况都将严重影响沟通效果，甚至会直接中断沟通。因此，必须让表达比大脑慢半拍，给大脑留下缓冲的余地。要先在大脑中过滤一遍想表达的事情，当然并不是要把所有的话都“自说自话”一遍，而是把“主干”理清楚，感觉基本框架没有问题，再开口表达。在表达的过程中可以为“主干”添加“枝杈”，做到出口千言而不离中心。

此外，要想拥有高超的口才变现能力，业余时间必须勤加学习，拓宽自身的词汇量和知识面，只有多积累，说话才可以随机应变、引经据典。

好口才要能够有的放矢

很多人在阐述想法时，总是喜欢先阐述一大段观点，之后再引出结论和中心思想。这是一种很不明智的讲话技巧，因为听众对听别人讲话的兴趣是有一定限度的，他们不愿去长时间听一些烦琐的、冗长的、与主题关联度不高甚至没有关联度的垃圾信息。因此，如果不及早点出主题，表达的中心思想就要“跑偏了”。

这就是说，无论是与人沟通，还是当众讲话，都必须尽快讲出主题，抓住重点。这种主题“跑偏”的情况经常出现，和一些长期以来的错误观念是密不可分的。最常见的错误观念是，认为与人沟通的内容越具体，表达就越清晰；当众讲话的时间越长，越能体现出讲话者的口才素养。其实，正确的观念是，沟通的内容越简洁，话语的穿透力就越强；讲话的主题越鲜明，给听众带来的震撼就越强。

倘若沟通和讲话不能紧扣主题，完全没有条理性和逻辑性，就会令人产生厌烦情绪，即便勉强听下去，也可能早已心不在焉。或者即使后面的讲话内容道出了主题，甚至还相当精彩，听众可能也不会留意。

但现实中，一些人就偏偏喜欢把原本一句话就能讲清楚的事情绕得云里雾里才肯罢休，还美其名曰“善言辞”。

我有一位非常热心，也很博学，但却很啰唆的朋友，无论任何一件事情，如果让他来表达，都能成为一场“马拉松”。一次，他想邀请我参加一个朋友聚会，电话一接通他就说起了昨天看的世界杯球赛，说自己喜欢的阿根廷队踢得有多烂，哪名球员的表现有多差，沙特队为何破天荒能赢阿根廷，沙特国内还因此放假一天……他饶有兴致地说了十几分钟，还没有停下来的意思，我忍不了了，打断他并询问是否有要紧的事情，因为我的工作实在有些忙。这时他才想起来打电话的目的，说是几个朋友周末想聚聚，问我是否有时间。我刚回答了一句“应该能有”，他听了很高兴，就又顺带着讲起了某个朋友如何如何，聚会的场地如何如何……我很无奈，只能多次打断他，询问聚会的时间，然后赶快挂掉了电话。这个电话花费了四十多分钟的时间，可实际上，他只需两句话就可以把事情说完。

如果你有一位这样的朋友，是不是也会感到头疼？怎么就不能长话短说，非要短话长说呢！如果你也有这样的缺点，就要尽快改正。我们不能做池塘里聒噪的青蛙，而要做一唱天下白的雄鸡。

口才好的人，说话一定是言简意赅、直奔主题、绝不啰唆的，更不会没完没了地说些不着边际的话。他们不会无端耗费他人有限的时间和精力，他们说话做事干净利落。由此可知，与人沟通或者当众讲话时，应在尽可能短的时间内点出话题的核心，这样才更具说服力。

当然，与人沟通和当众讲话的内容，也不是越简洁越好，简洁到都无法表达清楚观点和想法也不好，而是要根据具体的场合和对象，在内容上做到详略得当，让对方和听众能立刻了解到重要的信息。

说话用词准确，提高口才准确性

沟通时用词准确，既决定了沟通能否顺利进行，也决定了沟通的效果。精准表达能将要表达的信息一点不差地呈现出来，不精准表达通常会导致听者无法正确理解沟通的主题，轻则造成错会意图，重则造成做出错误决定。

“我们这个团队不能再增加人了，但唯独缺少精英人才。”这是典型的表达不准确，语言学上称为“表达前后误差”。这个团队到底缺不缺人？前半句告诉我们，团队已经满员了，后半句又说还缺少人。生活中，像这样“表达前后误差”的现象非常常见，如“我们班组已经连续七年未发生严重错误，昨天只是第一次”“他们都不渴，就买点橙汁吧”“我保证这是最后一次犯这样的错误，若有下次，主动辞职”等。

除了“表达前后误差”，还有“表达用词误差”造成的语义错误。比如网络上有两句非常经典的话，各截取半句分别是“能穿多少穿多少”和“谁都打不过”等。我们中国的汉语就是这么神奇，即便一字不差，在不同的条件和环境下所表达出的意思也完全不同，此时，深谙中华语言之妙的国人，只要看完整的句子，便能明白所表达的是哪一种意思。

因此，想要有效地与他人沟通，就必须准确表达。但是，想要做到准确表达并不容易，需要掌握一些方法并不断训练。具体方法如下。

1. 不要使用一些模糊或多含义的词语

在日常交谈中，有一些常用词语在不同的场景下会产生不同的含义，语言学上分别称为“同语近义”或“同语异义”。

“同语近义”是同一个词语在两种语境中意义相近，但又不一样，例如“够呛”。甲说：“乙，你说丙把钱还给丁了吗？这事是我作的保，我怕到时候有麻烦！”乙说：“够呛！”这里的“够呛”就有两种相近的意思，一是丙“够呛”能还钱给丁，二是丙很可能不还钱，那么甲就“够呛”能避开这场麻烦。两种意思相近，都表达了丙很可能不会还钱给丁。虽然大概的意思没有变，但毕竟没有表达清晰，如果乙这样回答：“我看丙够呛能还钱”，或者“我看丙够呛能还钱，但你作保是口头的，即便是打官司，你也不能成被告，没证据”，就表达清楚了。

相对于“同语近义”不会扭曲要表达的意思，“同语异义”就会完全扭曲要表达的意思，因为同一个词语在两种语境中意义不同，例如“别管他”。“二战”期间，英国空军严密监视德国空军的行动。一天，雷达探测出领空出现一架来历不明的飞机，后经确认是民航客机，但无法排除有德国空军伪装成民航客机侦察的嫌疑，而且已经飞入腹地，情况紧急。在向指挥部报告后，得到的指令是“别管他”。飞行中队指挥官当即决定根据指令——“别管他是不是民航客机，都要打下它”，下令打击。当“战斗”获胜后，飞行中队才发现真的是架民航客机，机上几十位乘客全部遇难。指挥部得知消息后非常愤怒，因为他们的命令本意是“既然是民航客机，也不能确定是不是德军假扮的，暂时先不用管”。可谁知道，因为命令的语义模糊，导致下属领会错误，造成严重事件。

因此，在日常沟通时，绝对不要使用能产生多种语义的词语，要根据当时的语境，运用最正确的词汇，准确表达自己的意思，避免产生不必要的麻烦和误解。

2. 说话前要进行词语筛选和逻辑整合

一位经理有 10 名下属，有 4 名下属同时提出辞职。经理很吃惊，在下午开会时，经理想用言语调动其余 6 名下属的积极性。于是他说："那些能干的都走了，接下来我们必须要更加努力才行，我相信大家一定能取得好的业绩。"

显然，这句话不仅无法调动下属的积极性，还会起到相反的作用。其实，经理想要表达的绝对不是他言语中的意思，只是情急之下没有说好，导致词不达意。由此可知，当我们在进行某些比较重要的讲话或者对自己的表达没有太大信心时，可以在讲话之前提前做好准备。

（1）准备词汇。找到最适合当下语境的词汇和最符合自己内心意愿的词汇。比如将"那些能干的都走了"换成"我们的几位朋友离开了"，既能表现讲话者的心胸豁达，对于已经离开的人没有半点不满，依然称之为"朋友"，更重要的是流露出不舍的感觉，显得自己有情有义。

（2）逻辑整合。词汇的前后顺序和语句的前后顺序，对表达有很重要的辅助作用。比如即便开始说"我们的几位朋友离开了"，但接下的话若是原封不动，也不妥当，还是会让余下的 6 个人感到不舒服，他们会想：好员工都走了，剩下的都是能力不行的，得更卖力气才能达到标准！所以必须更改，这句话完整地可以这样说："我们的几位朋友离开了，感谢他们为公司发展付出的辛苦。但我还有你们的支持，很感谢大家对我的信任。我们是更加紧密的团队，只要我们团结努力，必定能取得好的业绩！而且将来还会有新朋友加入，非常看好我们这个充满斗志的集体！”这句话明显更有逻辑层次，先对离开者表示不舍，再对留下者表示感激，营造出“一家人”的氛围，最后是对未来新员工的期待。

不要忽视说话时身体语言的准确性

在非语言沟通中，人们还会用身体的姿势传达信息或者强调所说的话。身体的姿势是人类无声的语言，承载着大量信息，是人们书面语言和口头语言的重要补充。身体语言包括人体所有的部位，如面部表情、身体动作、手部动作等。不同的部位、不同的类型、不同的动作，隐含着不同的信息。

1. 面部表情

人的表情不是固定不变的，会随着谈话内容的改变而改变，我们要捕捉到这些细微的变化，然后根据这些变化来调整自己讲话的内容、形式或语气等。

当谈到某一话题时，对方原本放松的表情突然变得凝重或是不自然，说明这个话题对对方比较敏感，需要转移话题。

如果对方在交谈过程中左顾右盼或不时地挠挠头、皱皱眉，说明对方对所谈的内容不感兴趣或者没听明白，需要调整说话方式或者改变话题。

如果对方笑容满面，表情轻松自然，充满热情，说明对方对所谈论的话题感兴趣，可以继续深入讨论。

如果对方下巴上扬，嘴角放松，露出少许微笑，说明对方对所谈论的话题只接受一部分，此时不能操之过急，可以继续当前的话题，但如果对方长时间后依然是这种表情，就要考虑更换话题了。

但如果对方眼睛往下看，转过脸去，紧闭双唇，就表示对方对所谈论的话题毫无兴趣，甚至对你都没有兴趣，这时必须立即改变谈话内容，或者和对方说“再见”。

……

2. 身体动作

身体动作主要指坐姿和站姿。我们以坐姿为例来进行详细阐述。坐姿是身体语言的重要密码，每个人的坐姿都不同，可以透露出不同的性格和心理状态。正确的坐姿可以让交谈的对方感觉到你是一个有修养、高雅稳重的人；而不正确的坐姿会给对方轻浮、无礼的感觉。

（1）坐着时双脚着地，并且分得很开。这样的人性格开朗，待人真诚且富有宽容心，值得他人信赖和信任，能保持良好的人际关系。他们对事物有高度的灵敏性，能做出正确的判断。

（2）坐着时双腿紧紧靠拢。这样的人性格中充斥着胆怯、懦弱，待人接物有些害羞。他们缺乏自信，对新环境和新生事物的适应能力很差，需要长时间的调节。

（3）坐着时双腿不断相互碰撞。这样的人心情总是无法平静，随时都在思考处事的方法和策略。他们做事的风格优柔寡断，即便是思考好的事情，也不可能迅速做出决定。

（4）坐着时双腿不断抖动。这样的人性格天真、单纯，处事简单，不会被烦恼困扰。但是，正是因为思维简单，导致他们遇事不够沉着和冷静，易怒又没有耐心。

（5）坐着时双腿交叉，双臂张开。这样的人性格沉着冷静，随机应变能力很强，善于处理突发事件。他们胸怀宽广，善于接纳他人的建议，很少在别人面前流露出自己的真实情感。

（6）坐着时双腿交叉，双臂也交叉。这样的人性格中缺乏冒险精神，喜欢遵循约定俗成的规矩，没有挑战权威的勇气。他们的内心缺乏安全感，总希望能寻找一个非常保险的避难所。

3. 手部动作

手臂所传递出来的信息不比语言少，语言和大脑中枢紧密相连，说话总是经过思考，但手臂动作却少有思考，基本都是下意识的，尤其在谈话紧张或情绪不稳的时候。

（1）站立时双臂自然向下，表明对方对你没有很强的戒备心，但也没有太多的亲近感。此时不要说过于亲近的话，也不要奢望从对方那里挖掘任何秘密，因为你们的关系还没到位。

（2）站立时双臂交叉在身前，表明对方的地位或能力在你之上，你应采取请教的姿态，且态度诚恳。

（3）双臂背在身后，通常是年长的人在晚辈面前采用的姿势。老板/上级想在下属面前增强气场，会采用这样的姿势，但有时候气场是提起来了，心却离得远了。

（4）双臂交叉环抱在胸前，是一种拒绝性的手臂姿势。如果对方采用这样的姿态，表明是拒绝与你沟通。

（5）端坐时双臂在身前交叉，是端庄的体现，成熟女性通常喜欢采用这种姿势。如果是男士采取这种姿势，则表明他很拘谨，放不开。

（6）端坐时一只手臂放在椅背上，另一只手放在腿上。这样的姿势能给谈话的对象带来轻松感，有种老朋友相见的感觉，适合在非正式场合采用。

精准最高境界：即兴的精准流畅表达

口才变现能力的最高体现是即兴演讲，是指在特定场景和主题的诱发下，自发或者是应他人要求而立即进行的演讲，是一种不凭借文字材料和未经过任何准备的表情达意的口语交际活动。

即兴演讲的能力已成为现代社会人才不可缺少的必备条件。具体来说，即兴演讲主要有三个特点。

（1）即兴发挥。即兴演讲往往需要演讲者临场发挥，在“三无”情况下进行，即无讲稿准备、无时间思考和推敲措辞、无修改讲话的回旋余地。即兴演讲者必须凭借自身经历、才能和知识底蕴，从眼前的事、时、物、人中找到触发点，在短时间内形成思想和观点然后用口语流畅地表达出来，并且必须一次成功。

（2）篇幅短小。因为即兴演讲是临场性的，事前无准备，所以基本不存在长篇幅的情况。即兴演讲的场合多是现实中的某个场景，大家需要的只是演讲者表达一下自己的心意、看法或者临时救场，这也决定了即兴演讲不可能长。

（3）使用面广。现实生活中，各类聚会中的欢迎、感谢、就职、哀悼、答谢、庆寿、救场等场合所讲的话，都属于即兴演讲。

即兴演讲大多是演讲者真实思想的流露，言为心声在这里能够得到真实的体现。因此即兴演讲者是以简洁、生动、形象的语言去征服听众的。

在一个综艺节目上，有一位杂技演员表演《踩蛋》节目时，不小心把鸡蛋踩坏了一个，观众全都看见了，演员无奈，只好又换了一个鸡蛋。主持人过来说：“为了确认鸡蛋是真的，还得故意踩坏一个，浪费啊！”

其实，谁都明白，鸡蛋破了，是演员没有表演好，但主持人找了一个合适的理由，以幽默的语言轻松化解了这场尴尬，也让观众更能理解表演的失误，毕竟演员也是人。如果不这样打圆场，而是实话实说，说演员没有表演好，请大家谅解，虽然观众也能谅解，但意思就差了好多。打圆场有时候就是编造合理的理由，让尴尬消遁于无形。

要想成功打圆场，必须针对实际情况灵活对待，或用幽默的话语转移话题，制造轻松气氛；或指出各方观点的合理性，相互给个台阶下；或是善意曲解话题的本身含义，令对方走出尴尬。

1997 年，好莱坞著名女星梅丽尔·斯特里普和丈夫举办慈善酒会，邀请了很多好莱坞老牌影星和当红影星，年逾八旬的巨星格里高利·派克也应邀参加。要知道派克自从 1991 年息影后，就很少露面了，但对于慈善事业的执着和对斯特里普的欣赏，让他亲自到场。

派克坐下后，斯特里普走过来，派克拉着她的手目不转睛地盯着看。

一旁陪同的看护带着责备的口气对派克说："您总盯着别人看什么呀？"

派克不高兴了，说："我这么大年纪了，为什么不能看她？"一句话弄得大家都很尴尬。

斯特里普听后笑着对派克说："您看吧，我是演员，不怕人看。"此话一出，把在场的人都逗笑了，场面气氛也缓和了下来。

看护的话明显伤到了派克的自尊，斯特里普知道派克对自己的欣赏，她以"自己是演员"为理由，证明派克看自己是正当而合理的，帮助派克化解了尴尬。

有些人之所以在交际活动中会陷入窘境，常常是因为他们在特定的场合做出了不合时宜的事情。在这种情形下，最行之有效的打圆场的方法，莫过于换一个角度或找一个借口，以合情合理的解释证明对方有悖常理的举动在此情此景中是无可厚非的。这样一来，对方的尴尬就解除了，人际沟通也能继续下去。

由此而言，语言是有意义的，表达是有力量的。善于表达自己的人能更好地聚拢身边的人，让自己在人际关系中如鱼得水。善于表达的人可以轻松调解氛围，解除尴尬，让其更有魅力，纵横社交全场。

第三章　谈判，凭口才赢得更多你想要的

唇枪舌剑口水战，谈判桌上把钱赚。没有比谈判桌上更能发挥口才的作用了。一场精彩的论辩博弈，不仅能够让双方的利益达成共识，还让彼此都有钱可赚、有利可得。

成功的谈判家，可以用激情澎湃的演说出奇制胜，也可以用娓娓道来的方式深入人心；可以据理力争，争取最大的利益，也可以适当让步不战自胜。

谈判如同语言智慧的擂台赛，掌握了谈判的口才技能，就拥有了驾驭别人的能力。可以说，每一位谈判高手，都是一个出色的演说家。

谈判搞不定，啥都没有用

谈判并不是现代才出现的事物，只有在商品经济发展到一定阶段时，才使谈判这种形式在社会生活中发挥出巨大的作用。由于商品经济崇尚价值交易，因此只有通过买卖双方的平等协商谈判，才能在互利的基础上达成双赢的结局。

谈判有广义与狭义之分，广义的谈判是指除正式场合下的谈判外，一切协商、交涉、商量、磋商行为等都看作谈判。狭义的谈判仅指正式场合下的谈判。无论是广义的谈判，还是狭义的谈判，都是促使双方共赢的最好方式。

通过谈判，双方在价值交换上达成一致，就可以进行一次成功的商业合作。即便是一次露天市场的买卖协商，也需要卖方和买方通过商谈达成协议，然后一手交钱一手交货，让生意成行。如果双方商谈未能达成协议，那么就无法达成交易。因此，买卖双方的交易都是建立在广义谈判或狭义谈判的基础上的。

本章所讲的谈判，是指狭义的谈判，即正式场合下的正规谈判。谈判是两方以上的交际活动，只有一方则无法进行。再者，只有参与谈判的各方的需要有可能通过对方的行为而得到满足时，才会产生谈判。

但并非所有的谈判都能起到积极的社会效果，失败的谈判可能会破坏良好的社会关系，进而激起人们改善社会关系的愿望，产生又一轮新的谈判。因此，谈判是一种协调行为的过程。谈判的开始意味着某种需求希望得到满足、某个问题需要解决或某方面的社会关系出了问题需要解决。由于参与谈判各方的利益、思维及行为方式不尽相同，存在一定的冲突和差异，因而谈判的过程实际上就是寻找共同点的过程。

综上所述，当人们想交换意见、改变关系或寻求同意时，就会有意识地进行谈判。而交换意见、改变关系和寻求同意都是人们的需求，它包括物质上的和精神上的。因此，通过谈判来让自己的需求满足，是最经济、最实用的方式。要想达成这种方式，口才不可缺少。可以说，谈判口才越好，对于谈判所能达成的结果越有利，即口才变现的效果越强大。

不同性质的谈判，需不同的口才来应对

谈判可以按不同的标准，从不同的角度进行分类。不同类型的谈判，其准备工作、实际运作、应采用的策略和口才变现能力的需求都是不同的。了解谈判的类型，有助于让谈判获得成功。通常可以将谈判划分为以下三种类型，每种类型对应不同的可变现的口才能力。

1. 按照性质划分的谈判分为三种

（1）一般性谈判，指一般人际交往中的谈判，是随意的、非正式的谈判，双方无须提前准备。包括：①家庭场合的谈判，如家庭成员间商量何时去郊游，去哪里郊游等。②公共场合的谈判，如在动车上与他人协商调换座位。

具有变现效果的口才能力需求：因为基本是日常生活场景中的交流，因此不需要特别的口才能力。

（2）专门性谈判，指各个专项领域中的谈判，是有准备的、正式的谈判，大都具有明显的经济行为。主要包括：教育领域的合作办学谈判、科技领域的技术转让谈判、生产领域的产品开发谈判、商业领域的贸易谈判等。

具有变现效果的口才能力需求：需要具备所谈判领域的相关知识储备，并能就技术交流、经济合作、经贸往来、资金融通、工贸往来等达成

有利于双方或多方的一致性协议。

（3）外交性谈判，指国与国之间就政治、军事、经济、科技、文化等方面的问题或交流而进行的谈判。此类谈判程序严谨，准备充分，效果明显，影响力较大，谈判的结果对双方都有很大的制约性。

具有变现效果的口才能力需求：因为涉及国与国之间的谈判，需要极强的综合能力，又与商业谈判无关，故而在此不做赘述。

2. 按照主题划分的谈判分为两种

（1）单一型谈判，指谈判的主题只有一个。谈判双方对谈判的主题必须确定某个能共同调节的“变量值”。例如，买卖双方只针对价格进行谈判，价格就是双方均可调节的变量，否则谈判将难以进行下去。通常情况下，对于“变量”，买卖双方的期待往往是相反的，例如卖方期望卖价越高越好，而买方期望买价越低越好。双方的差异只能通过谈判来调节，以取得双方都能接受的价格水平。

具有变现效果的口才能力需求：先分析，掌握有关谈判的相关情况，然后确定对策。常规做法是双方都内定自己所能接受的“临界值”，尽量争取更有利于己方的结果。谈判过程中要抓住对己方有利的关键点进行重点陈述，将自己所期望的“变量值”给出有理有据的理由；对于对方所阐述的有利于对方的关键点，要找出最好的反驳理由。因为双方的谈判主题只有一个，所以很容易就会超过“临界值”，因此，单一型谈判具有较高的冲突性。为了缓解冲突，谈判过程中的妥协是必不可少的，但妥协的幅度要缓，不能一步到位，同时给自己的承受范围设置底线，妥协坚决不能跌破底线。

（2）统筹型谈判，指谈判的主题由多个议题构成。谈判双方已不再是“单一型谈判”中的激烈竞争对手，而是成为能一起合作的共同体。例如，甲、乙双方正在进行谈判，核心议题有两个：①关于价格的问题，甲方要求至少 5 万元 / 吨才能成交，乙方坚持最多只能考虑 4 万元 / 吨的成交价；②交货时间的问题，甲方提出最早 9 个月才能交货，乙方要求最晚不超过 6 个月交货。如果是“单一型谈判”，任何一个问题，双方都不存在达成协议的可能，因此很难找到双方都可以接受的妥协方案。但用统筹型谈判，协议就有可能达成。即如果乙方愿意在价格上接受 5 万元 / 吨的成交价，那么甲方也愿意在交货时间上接受乙方不超过 6 个月的交货时间。双方各自退让了一步，一方获得价格上的满意，另一方获得了时间上的满意。

具有变现效果的口才能力需求：统筹型谈判是把双方所存在的两种或多种不同的交换比例结合起来，让他们有机会利用这个差异。这种谈判艺术的关键是为了得到某项利益，通过统筹考虑而甘愿放弃另一项利益去换取它。但这种放弃和争取是有方法的，可以总结为三点：①坚持对己方最有利的因素；②适当放弃己方可以妥协的因素；③不能一次放弃多个统筹因素。

3. 从企业营销层面可以将谈判分为三种

（1）销售谈判，是工商谈判中最主要的类型。谈判过程中，卖方关心的是卖价的高低和销售量的多少，买方关心的是产品的质量和服务的各项条件以及价格的优惠。谈判的主要内容包括：总价、质量、服务、包装、运输、结算方式、交货时间或发运时间等。

具有变现效果的口才能力需求：销售谈判的口才变现能力更多体现在提问技巧和答复技巧上。问话的作用在于取得自己所不知道的信息，包括：①希望对方提供自己不知道的资料；②要求对方澄清己方尚未弄清楚的问题；③提醒对方注意某些重要的问题；④借此表达发问人的感受；⑤限定对方的回答范围。答复趋向于承诺，如果不准确将会使己方极为被动，答复的技巧有：①在答复之前，要深思熟虑，充分思考；②要在弄清楚问题的真正意思后再进行答复；③谈判中要有标的，但不要一开始就将标的和盘托出；④学会实时运用回避手段；⑤谈判终了时，对谈判给予正面的、肯定的评价。

（2）原有合同的重新谈判，是指在长期合同中，一般有一些允许卖方和买房在合同截止日期前重新谈判的条款或条件。初始合同应当设定开启重新谈判所必须具备的条件，以避免购销双方陷入"为重新谈判"而谈判的困境。例如，卖方在合同截止日期前，提出重新讨论合同的内容，买方必须做出决定，是取消合同并达成一个全新的协议，还是更改初始的合同。

具有变现效果的口才能力需求：针对既有合同的重新谈判，就像一次说服的过程，目的是设法让对方改变当初的想法，接受己方的新意见，这是谈判工作中非常艰难的情况，需要做到：①要对对方表示友善，使对方信任自己；②要向对方讲明接纳意见后的利弊得失；③在说服对方时，应坦诚说明己方的利益，让对方认为所提要求合情合理；④要更多地强调双方利益的一致性。

（3）索（理）赔谈判，是指在合同义务不能或未能完全履行时，当事人进行的谈判。在商品交易过程中，由于卖方交货时，因品质不符、数量短缺、包装不符、延期交货，或者买方擅自变更条件、拒收货物和延期付款等原因，给对方造成损失的，都可能引起索（理）赔。因此，为使以上争议能够得到圆满解决，需双方心平气和地进行商谈。

具有变现效果的口才能力需求：一般而言，索（理）赔谈判更像一场为了证明己方的立场、为了维护己方的合理要求，不得不进行的一场辩论，需要做到：①一旦提出，就要论证己方意见的事实根据或法律根据；②针对对方没有根据的指责，要正当反驳，指出对方的论点不符合合同规定或不符合法律规定或不符合国际惯例；③指出对方的论据没有逻辑关联，推导不科学；④采取原则问题不妥协、枝节问题不纠缠的方法；⑤措辞准确、犀利，但不要伤害对方，尤其不能讽刺刻薄、断章取义，更不能蛮不讲理；⑥态度要客观、公正，有条不紊、举止自然。

谈判口才：有理有节，把话说到对方心坎里

A 公司的经理在一次业务谈判中，遭到了 B 公司工作人员的顶撞。他给 B 公司经理打电话，气冲冲地说："如果你们不向我保证，撤销上次谈判中那个蛮横无理的工作人员的职务，那么，显然是没有和我公司达成协议的诚意。"

B 公司的经理听后心平气和地说道："您好，对于工作人员的态度问题，是批评教育还是撤职处理，完全是我们公司的内部事务，无须向贵公

司做什么保证。这就同我们并不要求你们的董事会一定要撤换与我公司工作人员有过冲突的经理的职务，才算是你们具有与我们公司达成协议的诚意一样。”

A公司的经理顿时哑口无言。

在这里，B公司经理对A公司经理提出的要求进行了有理有节的反驳。虽然A公司与B公司是两家不同的企业，其内部管理和一些规章制度也不同，但有一点却是共同的，即A、B两家公司对各自员工的处分完全是公司内部事务，与对对方有无谈判诚意无关。B公司经理抓住了这一点，从而告知对方所提要求的过分和无理，还借此表达了对态度蛮横的A公司经理的不满。

从商业竞争的角度来看，谈判就是一场针锋相对的斗争。让对方同意你的观点，不是件容易的事情，这等于要改变对方原有的意思，如果没有极其充分的理由是无法做到的。充分的理由来自哪里呢？是喋喋不休的介绍吗？当然不是。优秀的谈判者不会强加自己的思想给对方，也不会强加任何需求到对方身上，因为他们很清楚，强加是没有用的，优秀的谈判者会通过循循善诱地阐述，让对方主动发觉自己对谈判对象（产品或服务）的需要，进而主动做出让步或与另一方达成一致的行为。

小吴是一家电机公司的推销员。一天，他接到一位客户的电话，客户在电话里怒斥他销售的电机是伪劣产品，要求全额退款，外加赔偿，不然就去起诉。小吴闻听后立即来到对方的公司。

小吴刚跨进车间大门，就听到这家公司的负责人即那位给他打电话的客户冲着他大声喊道：“你就是个骗子，还好意思来。你看看你卖给我的这些破烂，都能烫熟人皮，我要求你立即给我办理退货，不然我要起诉你们这个骗子公司。”

小吴稳了稳心神，来到机器旁边，用手摸了一下电机外壳，确实很烫手，但一定没有超过标准，机器质量绝对没有问题。可是，能这样笃定地和客户说吗？客户会信吗？

面对这种状况，小吴问负责人：“我完全同意您的观点，如果电机发热过高，就是严重的质量问题，需要立即停产，然后退货返款，您说是吗？”

负责人当然同意，说：“是的。”

小吴问负责人：“您用手摸电机感觉发烫，这我绝对相信，我刚才也摸了一下，确实有些烫手，您一定看到了我摸电机的动作了吧？”

“是的，我看到了。”

小吴继续问负责人：“向您请教一下：是不是任何电机在工作时都会有一定程度的发热，但只要发热程度不超过相关规定的标准就可以？”

“是的。”

小吴再问负责人：“相关标准中，电机的运行温度可以比室内温度高出 32℃，是这样吗？”

“是的，你想表达什么？”负责人有些不耐烦地反问。

“我带来了温度计，目前显示车间的温度是 30℃，对吧？”小吴没有理会负责人的反问，继续着自己的问话。

“是的。”

“好的！车间的温度是 30℃，电机的温度不用达到相关规定的比室内温度高出32℃的峰值，就会感到烫手。请问，如果把您的手放在五六十摄氏度的水中，会不会觉得很烫呢？”

“这个……是的。”负责人有些支支吾吾，但也只能同意小吴的观点。

小吴对负责人说：“那么，请您以后不要去摸电机了，真的可能会被烫伤。但是，我可以向您保证，我们的产品绝对没有质量问题，您可以放心。”

话已至此，负责人无话可说，他也意识到是自己过于鲁莽了。

从该例子中可以看到，小吴之所以能说服负责人，除了因为他所推销的电机质量确实没问题，还因为他的说服过程是既有理又有节，每一个提问都是有目的性，而负责人的每次回答都等于是在证实小吴的论点。如果小吴一开始就硬碰硬地去和负责人探讨电机的质量，对方就会一直抱着电机质量有问题这个观点不放。小吴很聪明，将双方谈判博弈的焦点从质量迂回到了温度上，从一开始就引导对方说出一连串的“是”，并引导对方自己想明白了事情的原因。因此，高超的谈判者，总会以更加隐蔽、灵活的方式，让对方察觉到是对方自己的问题。

谈判口才的五个阶段：导入、概说、明示、交锋、达成

正式谈判分为几个阶段呢？有的人说分成五个阶段，即导入阶段、概说阶段、明示阶段、交锋阶段和达成阶段；有的人说分成六个阶段，即将交锋阶段分为交锋阶段和妥协阶段。鉴于妥协也是交锋的一种方式，因

此，本书采用五个阶段划分法。下面逐一进行介绍。

1. 导入阶段

导入阶段是正式开启谈判主题之前的一个短暂阶段。无论是正式场合的谈判，还是非正式场合的谈判，导入阶段的主要工作是让参与谈判的人员通过相互寒暄、自我介绍，与对方认识，并从介绍中了解谈判人员的有关背景资料。

导入阶段需要为后续的正式谈判创造良好的谈判气氛，这种气氛应当是坦诚、和谐、轻松、认真、有条不紊和富于创造性的。如果缺乏这种良好的谈判气氛，则不利于谈判的顺利进行。因此，在此阶段应多讲一些“中性”话题，例如谈判者的旅途经历，谈判者感兴趣的一些国际新闻、体育新闻，谈判者的个人爱好以及谈判双方合作过的经历等。

2. 概说阶段

概说阶段又称为“试探阶段”。此阶段的主要目的是让谈判的对方了解己方的目标和想法，同时也要有策略地隐藏不想让对方知道的资料，即不要将己方的情况全部坦白出来。

在概说阶段开始发言时，内容必须简短，把握所要进行的谈判重点，恰如其分地表示己方的观点依据和感情倾向。例如“今天有关契约的讨论，希望结论能使双方满意”，再如“今天是本次合同谈判的第三轮，我们都希望能在今天达成协议，我方将为此做出最大让步和最大努力”。在己方发言之后，可留一段短暂的时间让对方思考意见和发表想法，以便从对方的言语中初步了解对方的目的和动机。

此阶段是正式开启谈判的试探阶段，因此，谈判的言辞或态度尽量不要引起对方的焦虑与愤怒，以免让对方产生敌意，筑起一道防御之墙。如果对方在一开始就筑起了防护墙，那么就等于丧失了原来可能协商的部分，接下来的谈判将变得非常艰难。

3. 明示阶段

明示阶段顾名思义就是将己方的意见公布出来。既然是明示，就是不需要顾虑，有什么意见就公布什么意见，不要考虑对方会不会认可，因为对方一定不会认可。谈判双方在该阶段必然会产生意见分歧，所以才要进行谈判，双方围绕自己的所求、对方的所求、彼此相互之间的所求，以及没有表露出来的内蕴需求，进行有条件的商谈。

为了达成协议，双方应该心平气和地讨论下去，既是为了实现自己的需求，也是为了达成双方共赢。

4. 交锋阶段

在谈判过程中，双方为了获得自己所需的利益，在交锋阶段会产生明显的对立状态。而对抗是谈判的主旋律，此时谈判者应该显示自己的智勇、刚毅、果断的素质，朝着自己所追求的目标勇往直前。交锋阶段，双方都想占优势，自然争论激烈，气氛紧张。

交锋不是对抗到底，而是对抗之中还有妥协，妥协之中还保持着对抗。妥协是谈判不可缺少的一部分，但谁先向对方妥协，是很棘手的问题，因此需要决定妥协范围和寻求最佳妥协时刻。一方对于可能妥协的程度胸中有数，同时对对方妥协的程度也有一定估计，那么就可能妥协得恰如其分，并在某些方面得到妥协的补偿。

5. 达成阶段

经过激烈交锋与合理妥协后，谈判双方认为基本达到了自己的理想目标，便会达成协议。最后双方在协议书上签字，握手言和，谈判即告结束。

第四章　一张口就要赢，成交才是王道

这是一个魅力展现的时代，也是一个步履艰难的时代；这是一个科技灿烂的时代，也是一个激烈竞争的时代……商场如战场，顶流的口才才能获得顶流的生意，口才的变现能力将是营销人员驰骋商战的制胜法宝。

营销无处不在，口才不可或缺

无论是有意识的还是无意识的，任何组织与个人都在从事着各种各样的营销活动。可以说，生活中处处存在营销，时时存在营销。

比如，商场在节日时会经常搞一些促销活动，打折优惠，满多少优惠多少，但更多的是满多少赠一定金额的代金券，以吸引顾客下次继续来购物。再比如，超市还经常搞捆绑销售，即买一赠一或者买这赠那，以达到借销量好的产品带动销量一般的产品，实现均衡收益的目的。此外，还有聚餐时的团购、看电影时的网上订票、网络新兴的直播带货、“双十一”的全国购物潮、逛街时遇到的各种免费体验或促销传单……

有人说营销还是销售，是包装宣传，是扩大影响，甚至有人说营销就是一个套路或连环套路。所以，很多人讨厌营销，就怕自己什么时候脑袋一兴奋，就买了很多自己本来不需要的东西。有位朋友今年“双十一”期间因为无意间看到一个主播带的货，就冲动了一次，买了一大套护肤品。可在拿到产品之后，她就有些泄气了，并不是发现了产品有什么问题，而是大脑连续很多天的兴奋期过去了，热度降下来了，她看着这些化妆品，非常明白，无论自己用什么化妆品或护肤品，都不可能把皮肤保养到像哪个明星或者哪个广告模特儿那么好。

其实，在生活中，营销无处不在。比如，你今天要去见一个重要的客户，你不会衣冠不整、蓬头散发就出门吧！你一定会把头发梳得整整齐齐，衣服穿得干净又合适，皮鞋擦得锃亮，把自己最好的一面展现给客户。其实，你的这一套对自己的操作，也是在做营销，只是营销的对象是自己而已。

因此，营销不是简单的销售，不是传统意义上的“卖东西”，而是一种策略，是个人和集体通过创造、提供出售，并通过与别人交换产品和价值获得所需之物的过程。

而营销一定离不开好的口才，这就要从营销的本质说起。

营销的本质是什么？是为客户创造价值？是满足客户需求？两个答案都是对的。营销就是围绕客户做文章，通过营销精准找到有需求的客户。因此，营销的过程需要与客户建立联系，而联系的直接方式是利用口才进行的沟通。

一名营销人员，如果具备了一流的、具有变现能力的口才，那么就能够顺利地发展客户，就能够争取到向对方推销产品或服务的机会，就能够在极短的时间里迅速吸引客户的注意力，打开营销局面，就能够一步步地激起客户的购买欲望，并最终说服客户做出购买的决定。

变现口才的影响力将伴随着每次营销进程的发展，其好坏会在营销工作的每一个环节上得以证实。由此可以毫不夸张地说，营销的成功在很大程度上归结为营销人员对口才变现技巧的合理运用与发挥。

让营销与口才实现完美融合

对于渴望成功的营销人员而言，口才的变现能力无疑是极为重要的法宝，因为成功的营销来自一流的口才。美国“超级推销大王”弗兰克·贝特格通过对自己 30 年推销生涯的总结得出了“交易的成功，往往是口才的产物”的结论。因此，人们不得不承认一个事实：在营销领域，哪里有声音，哪里就有了力量；哪里有沟通，哪里就吹响了战斗的号角；哪里有口才，哪里就有了成功的希望。

良好的口才变现能力对于营销人员具有重要的作用。然而很多人对营销口才的认识却存在着误区，认为营销人员应该是八面玲珑、夸夸其谈、口吐莲花的，甚至能把稻草说成金子，能把死的说成活的。其实，这种纯民间解读对于营销口才的误解太严重了，如果营销人员按照这样的“标准”要求和训练自己，时间长了搞不好就成了专业骗子。

本节，我们将针对营销口才的作用、原则和技巧三个方面进行详细解读，让大家对营销口才有了更深层次的认识。只有做到充分认识，才能在实际运用时将营销理论与营销口才完美融合，从而达到最大价值的变现。

1. 营销口才的作用

很多人从事营销工作时，都知道营销口才对于营销工作的重要性，所以在提升口才能力时，都非常注重营销口才能力的训练。总的来说，营销口才常见的作用都是围绕客户存在的，主要包括以下四点。

（1）有助于建立良好的客户关系。从接近客户，到营销洽谈的开始，一直到合作关系的建立，都需要营销人员创造良好的沟通氛围，与客户建立良好的关系。

（2）准确传递产品和服务信息。在营销过程中，只有通过很好的产品介绍和展示，才能让客户知晓和接受产品或服务的价值。

（3）化解客户顾虑。当客户提出异议时，营销人员通过良好的口才能力化解客户的顾虑，从而促进与客户合作关系的达成。

（4）激发客户合作意愿。营销人员通过良好的口才能力让客户产生合作的兴趣和意愿，让成交成为可能。

2. 营销口才的原则

无论任何原则，都必须建立在品行端正的基础上，而诚信就是好品德的重要内容。品德不好的人，口才再好也只是忽悠。作为营销领域的从业者，必须时刻记住对客户、对公司的承诺，主要需要做到以下四项原则。

（1）TPO 原则。其中 T 代表时间，P 代表场合，O 代表对象。说话是一门艺术，只有在合适的时间、合适的场合，面对合适的对象，说出恰如其分的话语，语言才能真正产生价值。

（2）倾听原则。沟通是双向的，必须学会倾听才能了解客户的想法、需求和期望，也才能有针对性地采取下一步的沟通和行动措施。

（3）共鸣原则。沟通的目的就是要找出让双方产生共鸣的东西，由此营销人员需要做到让客户愿意与自己沟通，并从中发现乐趣。

（4）不争辩原则。在沟通过程中，要用艺术的方法处理双方的分歧，千万不能说伤害对方的话，更不要做输赢胜败的争论，因为将商品营销出去才是真正的胜利，否则即便“赢了口才”，也会“输了订单”，又有什么意义呢?

3. 营销口才的技巧

营销口才其实和销售口才很相近，目的都是要将产品销出去。因此，营销口才的训练可以从开场技巧、主题设计和结尾安排三个方面入手。

（1）开场技巧。无论是接近客户，还是进行产品介绍，都必须重视开场白。开场白的作用主要有四点：①建立良好的第一印象；②激发听者的兴趣；③让听者对下文产生期待；④让听者尽快了解讲话目的。

（2）主题设计。营销口才的核心主要包括五个方面：①完整性——要有明确的议题和大纲；②通俗性——考虑听者的理解能力；③共鸣性——顾及听者对讲话内容的兴趣，如果听者没兴趣，就应该停止当前沟通或换个话题；④生动性——高质量的讲话内容或者双方都感兴趣的讲话内容，可以增强口才营销的时效性；⑤互动性——口才营销的过程中需要及时与听者进行互动。

（3）结尾安排。口才营销的结尾部分往往是终结的动作，所以同样重要。主要包括三个方面：①对沟通的要点进行总结；②对本次口才营销的启发意义做适当延伸（用一个故事或一句名言）；③直接表达自己的诉求。

先攻人心，后做生意

营销不是简单的“你卖货，我买货”，而是一场卖方与买方的心灵博弈。所以，有些从事营销工作的人，总能取得令人羡慕的成绩，而有些人却业绩平平。成绩不好的人中，很多也是非常用心的，看了很多书，学了很多教程，一些方法也早已烂熟于心，但运用于实际中就是见不到成效。原因在哪里呢？主要还是没有找对方法，没有抓住客户的心理诉求点。学什么只学了个表面，“照葫芦画瓢”，而后发现客户并不买账，交易自然无法达成。

做生意，必须攻心为上，抓住客户的心理诉求点，让客户感觉到，你是真诚的，你处处在为他着想。下面，对于何为先攻人心，后做生意，我们结合两个具体的案例进行分析。

1. 运用“对比原理法”，让攻心变得轻而易举

“对比原理法”是一种潜意识攻心法，应用于生活与工作中效果非常明显，就是将两种相关的或不相关的事物之间的反差进行对比，并让对方在这种对比中产生倾向感，借机达到攻心说服他人的目的。

美国有一个 10 岁的小姑娘，想买一辆自行车，父母要她自己去赚钱。她利用放学后及寒暑假的时间去卖饼干，竟然在一年时间卖出了 10000 包，一举打破了公司的销售纪录。她是如何做到的呢？

她利用积攒的零钱，买了一张 30 美元的一年期开奖彩票。在每次推销时，她先卖彩票，告诉对方自己要赚钱购买自行车，并说明彩票最高奖金是 100 万美元。当人们觉得彩票太贵时，她便会从包里拿出十包饼干，说："这里有十包饼干，一共卖 5 美元，您买吧？"这时几乎每个人都会买下来。

就这样，小姑娘用 30 美元的彩票与 5 美元的饼干做比较，5 美元对比 30 美元，少了很多，人们的心理在前期经过 30 美元的铺垫后，就很容易接受后期的 5 美元推销。这样，小姑娘很容易就实现了销售饼干的目的。

这种对比方式，让人们想到了鲁迅写的"开窗理论"，"人的性情总是喜欢调和、折中的。譬如你说这屋子太暗，须在这里开一个窗，大家一定不允许。但如果你主张拆掉屋顶，他们就会调和、折中，愿意开窗了"。

2. 站在对方的立场上说话，有助于拉近彼此的关系

人们都希望获得他人的理解和认可，但很多人往往都做不到站在对方的角度思考问题，而是更愿意站在自己的角度思考问题。但以自己为中心的交谈方式，是难以形成良性沟通的。因此，我们要吸取这类教训，努力地站到对方的立场上，用对方的所思所想去安慰、理解和支持对方，这样就很容易拉近与对方的心理距离。

成功学大师戴尔·卡耐基年轻时，曾租用某酒店大礼堂做讲课的场所。租约到期后，他接到通知，租金要提高三倍。卡耐基找到酒店经理，说："经理先生，我接到涨租金的通知，虽然有些惊讶，但我知道这不怪您，换做是我，也会这么做。但大幅度上涨租金，就等于撵我走。我走

了，听我讲课的那么多企业的中高层也就跟着离开了，而他们的经常光顾，等于免费为贵酒店做广告，这些人可都是无价之宝啊！”

这番话一出口，经理有些沉默了，因为他既想得到更高的租金，也不希望让卡耐基和他的客户流失掉。在卡耐基一番“为其着想”的言论后，他意识到“鱼和熊掌不可兼得”，要么多赚租金，让卡耐基走人；要么降低租金留下卡耐基，也顺便留下他的那些客户。

可见，攻心的目的就是让别人的想法从根本上产生动摇，攻心的过程不带一丝强迫，而是从对方的角度去说服对方，最终达到目的。

口才做营销，关键在成交

营销的目的是什么？肯定不是为了聊天和交朋友，无非是成交。所有不是为了成交而进行的营销，都不是合格的营销，或者干脆就不能称之为营销。

那么，口才营销的成交关键在哪里呢？在于能和被营销对象制造出共鸣感。共鸣不是简单的“顺人情，说好话”。这种不平等的交际，一方主导，另一方附和，无论附和方怎样讨好，主导方只会产生高高在上的支配感，而不会产生共鸣。共鸣是在沟通的双方地位相当、话语投机的情况下产生的。因此，最好的沟通方式是一方倾听另一方的讲述，并不时给出恰当的评价或者关心，表现出认真和感兴趣的样子。另一方告诉对方也有同样的经历和体验时，对方一定也更加感动，就此产生共鸣。对于口才营销，这同样适用。

小郑是一家妇婴用品公司的营销人员，负责线上营销工作，但偶尔也在线下做一些客户开发工作。一个周末，她到朋友家做客，回家时在朋友家所在的小区里看到一个长椅上坐着一个孕妇和一位老人。于是，她假装不经意地问保洁大姐：“那两位好像是一对母女吧？她们长得真像。”

保洁大姐说：“是啊！那是张阿姨和她的女儿，女儿马上就要生孩子了，当妈妈的特意从老家赶过来照顾。”

小郑听后走到长椅旁，温柔地提醒孕妇说：“您不要在椅子上坐太长时间，外面有点凉。您现在可能没有什么感觉，但是等到生完宝宝就会感觉不舒服，年纪大时会更加明显。”说完，她又转头对老人说，“现在的年轻人都不太讲究这些，但有您的照顾就会好多啦。”

老人听到有人提到了自己的担心，立即“抱怨”地对小郑说：“是啊，我也总提醒她，不能在外面坐太长时间，可她就是不听话。”

“哪有那么讲究啊！我没有那么脆弱。”年轻孕妇明显有些不在乎她们说的这些。

“你啊！等生完孩子就知道要不要讲究这些了！我当初怀你的时候，也觉得不用讲究那么多，结果生下你后就落下了腰痛的毛病，吃了多少药也不管用。”

小郑见机立即接着说：“是啊！不听老人言，吃亏在眼前，这些生活的经验，我们一定要听老辈的。”

随后，小郑融进了这对母女，三个人从怀孕聊到生产，又从产后护理和产妇的身体恢复聊到婴幼儿的照料和营养搭配，聊得非常投机。就这样聊了很长时间后，孕妇才想起来问："你怎么知道这么多啊？看你的年纪很年轻，不像有了孩子啊！"

小郑笑着说："我还没结婚呢！不过我是做妇婴产品的，所以比较关注这类知识，也从很多做了妈妈的客户那里取了不少经。"

"是这样啊！难怪。那你具体是做什么产品的？我能用到吗？你挺专业的，产品应该也错不了。"

接下来的事情不再赘述了，很显然小郑又做成了一笔生意。

一个高质量的共同话题，是双方倾心细谈的基础和开怀畅谈的桥梁，也是共鸣产生的必备条件。小郑从目前对方最关心也都了解的话题入手，先攀谈建立互动关系，再详谈搭建信任纽带，最终打开了对方的心门。这是一个过程，由陌生到熟悉，从不信任到信任，在不知不觉中完成了成交。

凭口才做营销，不仅能说，更要会说

1930 年，英国兰开夏电气公司开始给兰开夏郡的乡村进行村村通的通电工程建设。推销员各个口吐莲花，使出浑身解数，说服人们改用电灯。某乡镇最后只剩下一户居民不肯通电，多位推销员轮番上阵，将电灯的好处能说的全说了，这家人依然不同意。

轮到推销员鲍勃来解决这个问题了。经过实地调查，他发现这户人家的经济并不困难，有一座家庭养鸡场和一座养牛场，不想安装电灯是怕灯光会影响鸡的产蛋量。

鲍勃第一次登门，这户人家的女主人已经有了戒备心理，隔着门对鲍勃说：“如果你是电气公司的人，那就不用进来了，我们拒绝安装。”

鲍勃隔着门对妇人说：“夫人，很抱歉，打扰您！我不是推销电的，我是来向您买鸡蛋的。”

妇人听鲍勃这么说，便把门开了一条缝，用警惕的眼光看着他。鲍勃见状赶紧重申自己的目的——买鸡蛋，让妇人进一步消除了一些戒意，把门开大了一点。

鲍勃笑着对妇人说：“听朋友提起来，您养的鸡真的太漂亮了，产的蛋也一定很好，我想买一些用来做蛋糕，市面上常见的鸡蛋做出的蛋糕不好吃。”

妇人从门里走出来，态度温和下来，主动聊起了鸡蛋的事。鲍勃知道这户人家还养着牛，而且从妇人口中得知牛由其丈夫饲养，于是他就指着院里的牛棚对妇人说：“我敢打赌，您养的鸡肯定比您丈夫养的牛赚的钱要多。”

这句话彻底打动了妇人，这是她和丈夫长期争执的事情，相互都认为自己养的东西更受人们欢迎，能赚到更多的钱。今天自己的付出得到了这位陌生人的肯定，妇人高兴地把鲍勃请进院子，邀他参观她的鸡舍。鲍勃一边参观一边赞扬妇人，两个人愉快地聊着。鲍勃看准时机，向妇人提出一个关键问题：如果鸡舍能用电灯照明，产蛋量一定会提高。此时，妇人已经完全没有了戒备，笑着问用电的好处。鲍勃告诉她，用上电灯，照明稳定了，鸡的情绪就稳定了，现在的煤油灯一闪一闪的，鸡会感到烦躁，是不利于产蛋的。

鲍勃离开了妇人家，手中提着五斤鸡蛋。第二天，兰开夏电气公司就收到了这户人家递交的用电申请书。

鲍勃之所以能成功说服固执的客户，原因在于他不仅能说，还很会说，找准对方的需求点，通过循循善诱的方式，一步步打消了对方的疑虑，拉近了与妇人的心理距离。

通过上述案例可以看出，培养好的口才变现能力不仅是能说，而且要会说。其实在能说之前，还有一个敢说。口才变现能力的一切基础都在于“敢”字上，必须得敢于表达，才能在不断的表达中让自己更能说，更会说。

阶段 1——敢说

敢说不等于胡说和瞎说，是要进行常规性的语言表达训练。该阶段的训练内容是普通话语音训练和心理素质的训练。训练的主要形式是读和说，验收的标准是能用普通话在众人面前把话说清楚。

多阅读，让自己的普通话水平达标；多说，来克服自己的心理障碍。心理素质是否良好，决定了人口才变现能力的强弱。因此，对于口才营销人员来说，建议平时多和他人聊自己感兴趣的话题，以让自己在沟通时更加轻松自在、滔滔不绝，增强自信心。

阶段 2——能说

能说不等于常说，是要进行正确的语言表达训练。该阶段的训练内容是话题训练和思维能力训练。训练的主要形式是按给出的话题，运用思维方式完成说话的内容。验收的标准是在规定的时间内，能够针对话题进行多角度、多方位的思维，然后有观点、有层次地表达。

比如在说话时加入一些成语作为修饰，这样的训练，可以让被训练者或陈述或论证或评析，能充分表达己见、活跃思维、张扬个性。当然，修饰也需有度，否则会影响说话效果。

阶段 3——会说

会说不等于必说，是要进行高质量的语言表达训练。该阶段的训练内容是能够根据语境说话具有应变能力。训练的主要形式是模拟场景，按角色不同进行表达。验收的标准是能够根据不同场景、不同角色确定说话的内容和方式。比如，在校园生活中，把学生身边发生的多个场景进行复制，学生带着任务分别充当其中不同的角色，或解释，或批评，或劝说，或争辩，风趣中透着理性，幽默间把事搞定。

这三个阶段，内容上从敢说突破心理障碍，从能说提高思维能力，从会说强化应变能力。由浅入深，循序渐进，形成技能。

营销口才：赞美、恰当、直言、含蓄、委婉、幽默

本部分我们来看体现出顶级营销口才的六种方法，每一种都看似平常，但真正做到高质量运用却并不容易。下面逐一进行详细讲解。

1. 赞美

赞美适合初次见面或者刚认识不久，不可多用，赞美过剩，一方面会让对方形成免疫，另一方面会引起对方的反感。营销人员口才变现能力的

赞美具有以下要求。

（1）赞美要充满真诚。不要以为只要是赞美的话，别人就一定会认同，言不由衷或者言不符实的赞美，很容易招致别人的反感。因此，赞美的话必须根据不同的对象由衷而发，要赞美他们确确实实的优点。

（2）赞美要具体。赞美不能泛泛地说些空话，而要直接提及与所赞美对象切身相关的一些事情，比如恭维别人生意兴隆，不如赞美对方经营有方。因此，赞美的话必须切合实际，最好对所赞美之人进行一些了解，做到有的放矢地去赞美。

2. 恰当

作为营销人员，向客户介绍产品或服务的主要营销要点和重要问题时，所用语言必须恰当适度。

某商场导购员对一位男顾客说："您穿上这件羽绒服，就像一只威风八面的棕熊。"

顾客一听就不高兴了，认为导购员将自己比作动物是在侮辱自己，让导购员必须给自己道歉。

商场经理闻讯过来，对顾客说："这位大哥生气是应该的，怎么能用动物比喻人呢！我一定让他给您道歉。"说完转过身去，对这位导购员说，"你是没念过书吗？用动物去比喻人。再说了，这位顾客穿上这件衣服多像一位将军，身板、气质都摆在那里，多么明显，你就看不出来吗？我看你不仅书念得不好，眼神还不太够用。现在顾客因为你的一句话生气了，去给顾客道歉！"

顾客本来气鼓鼓的，听到经理说自己像将军时，不由自主地对着镜子看了看，眼神里升腾起自豪的神采，对于刚才的事已经不那么生气了。当导购员向他道歉时，他也很愉快地接受了。

这个案例不大，但告诉我们在运用营销口才时，恰如其分的语言是多么重要。同样是想说一句赞美的话，恰当的赞美可沁人心脾，收到好的效果，不恰当的赞美则会直冲肺腑，让人恼火不已。

3. 直言

把话说恰当，并不是每句话都要进行恰当的赞美，还可以恰当地直言。但很多营销人员有个误区，认为从事了营销就等于和直言说“拜拜”了，只有说不真实的话，才能赢得客户的喜爱。其实，有时候将不好的一面主动指出来，更容易打动客户。

一位顾客到书店帮孩子买习题，她拿出一张孩子列的书单，让店员帮自己把所列的书都挑出来。店员看到所列练习题目前只有旧版的，新版的还未上市，就告诉顾客说：“现在正值图书每年换版的时候，卖不掉的旧书都退回给书商了，等待新书到货，目前货架摆放的基本都是旧版的，新版的估计还得半个多月能到。如果您只是买一两本，可以先买旧版的，反正都是做习题。但您要买的有二十多本，我不能都给您旧版的啊！”

顾客听了频频点头，然后提出留下电话，等新版的到了，麻烦店员给自己打电话告知，自己再来买。店员欣然同意，果然在新版练习册陆续到货后，电话通知了这位顾客。没想到，她再次来却不是一个人，而是一堆人，她告诉自己认识的人在这家书店买书好，因为店员人好，不会让顾客吃亏。

营销人员在开展业务的过程中，虽然不能向客户“全抛一片心”，但也要在特定的时候和顾客实话实说，如此往往会取得意想不到的效果。

4. 含蓄

营销人员在面对客户时，一定要注意语言的含蓄性，切记不要因自己过火的语言伤了对方的感情，这也是赢得客户好感、维系与客户良好关系的纽带。

营销人员在向客户推销产品或服务时，说话必须“和气、文雅、谦逊”，不讲粗话、脏话，不强词夺理，不恶语伤人。要多用敬辞、敬语，语气要亲切柔和，语句要委婉含蓄。这样才能缩短与客户的心理距离，使客户感受到温暖和被鼓舞，进而促成交易。

某位超市蔬菜区的理货员，经常在整理菜品时发现一些顾客故意往下掰菜叶，以减少称重分量。面对这种情况，她会向顾客宣传说：“请大家挑菜时当心一点，别把菜叶碰下来。”这“碰”字说得含蓄、凝重，使有意掰菜叶的顾客的脸上顿时泛红，手也不得不停下来了。

5. 委婉

含蓄和委婉，像是一对双生花，采取了含蓄，就势必会委婉，采取了委婉，也势必是含蓄的。但委婉也需要有度，不能过于委婉而失去力度，变得卑微，那样既丢人格，还达不到效果。因此，如何做到恰到好处的委婉，既能说明问题，又让人乐于接受，需要营销人员在实践中不断去摸索，去锻炼，去掌握。

公交车里，一位男乘客准备下车，售票员请他出示车票。男子有点慌了，因为他并未买票，想蒙混过关。其他乘客见状有的指责，有的嘲笑，售票员此时却温和地问这位男乘客：“您是不是把票弄丢了？”听售票员这么一说，男子顿时如释重负，立刻说：“对，对，我现在找不到了，我补票。”售票员给男子补了票，又语重心长地说：“您下次可得注意啊！”男子连连回答：“一定注意！一定注意！”语音里充满了感激与内疚之情。

6. 幽默

交易是一种容易激发起人类防备心理与内心敌意的活动，如果营销人员懂得恰当地运用幽默技巧，就可以尽快消除客户的紧张情绪，使整个洽谈过程变得轻松愉快，充满人情味。

一位房产经纪人领着一对夫妇向一栋别墅走去。一路上，为了销售这栋别墅，他一直在夸耀这栋别墅和这个居民区：“瞧这个地方多好！空气洁净，遍地鲜花绿草，这儿的居民谁也不想离开这儿，也从来不知道什么是疾病与死亡。谁也舍不得离开这里。”碰巧就在这时，他们看见一户人家正在忙碌地搬家。经纪人马上说：“你们看，这位可怜的人……他是这儿的医生，竟因为很久没有病人光顾，而不得不迁往别处谋生了！”

这户人家的搬家恰巧和经纪人讲的话冲突，如果不用一些幽默的方式化解，而是一味地解释，想想会出现什么样的局面！

下篇
口才变现场景实操

第五章　职场口才变现：用好自己的口才，实现职场目的

身在职场，不仅要不断提升工作能力，更要做到能言善辩，以将自己的能力和成绩充分展现出来。因为职场时时处处离不开沟通，无论是和老板、上级、下级，还是横向的部门交流与平级沟通，抑或是与外界各类客户的沟通，都要讲究口才的变现能力，让好口才帮助自己实现最大价值的变现，以让自己的职场之路走得更稳，人生之路走得更顺。

面试口才：自我介绍、问答应对、观点展示

学习生涯结束后，需要走入职场，走向社会，以工作的方式继续自己的人生。职场既是踏入社会的必由之路，也是人生价值的历练场和人生品牌的铸造地，因此必须小心经营。通过不完美的职场情境，克己复礼，修炼优于过去的自己。

整个工作阶段，都一定会有应聘面试环节，哪怕一生只为一家企业工作，也需要进行一次面试。

在面试过程中，应聘者要保持举止文雅大方，谈吐谦虚谨慎，态度积极热情。面试的过程通常包含三个部分，即自我介绍、问答应对和观点展示。其中观点展示可能包含在问答应对中，也可能是后续的独立表达。

1. 自我介绍

简单而言就是说明自己的基本情况，如自己的年龄、毕业院校和所学专业、性格特征、其他爱好与特长、求职说明（为什么应聘该岗位）和从业经验等。

但如果全部按照上述阐述，就可能成为一篇简短的流水账，无法给面试官留下值得加分的印象。所以，自我介绍的语言组织需要更加生动，争取在最短的文字范围内对自己进行更全面立体的介绍。

无论是做自我介绍，还是回答面试官的问题，抑或是发表一些观点，都必须做到发音标准、吐字清晰、语气平和、音量适中、语言流利、文雅大方。并且注意控制语速，既不能磕磕绊绊，也不能如连珠炮一般。应使用平缓的陈述语气，不宜使用感叹语气或祈使句。声音过大令人厌烦，声音过小则难以听清。音量的大小要根据面试现场的具体情况而定，两人面谈且距离较近时声音不宜过大，群体面试且场地开阔时声音不宜过小。此外，为了增添语言的魅力，还应注意修辞美妙，忌用口头禅，更不能有不文明的语言。

2. 问答应对

面试时要全神贯注，不要走神，认真听面试官的每一个问题，同时给予面试官一定的互动回应，如适时点头、说“嗯”等，表示你在认真听，并且已经听懂了。

如果用人单位有两位以上的面试官时，回答谁的问题，目光就应注视谁，并应适时地环顾其他面试官，以示对他们的尊重。

作答时，眼睛要适时地注意面试官，既不要东张西望，显得漫不经心，也不要眼皮低垂，显得缺乏自信。回答问题不要耍花腔和故弄玄虚，不然会给面试官留下不诚实的印象。

如果遇到不会的问题，也不要慌张，可以找一些相关的话题作为切入点，慢慢展开，会有不错的效果。

不可否认，面试回答是最让面试者发怵的环节，许多人在做准备时重“难”轻“易”，把精力放在高难度的理论和技术知识上，而忽视了基础性的东西和一般的答题规律，反而容易出现低级错误。下面是一些面试问答应对的技巧总结。

（1）把握重点，简洁明了。回答问题的常规思路是，结论在先，议论在后，先将自己的中心意思表达清晰，然后再做叙述和论证。面试时间有限，长篇大论既容易走题，还会引起反感。

（2）条理清楚，有理有据。为了让回答清晰，可采用分点式说明，如第一点如何，第二点如何，第三点……同时，所引用的案例或证据要有普遍性和代表性。

（3）讲清原委，避免抽象。回答时切不可简单地回复“是”或“否”，而应针对面试官所提问题进行展开式回答，便于面试官对应试者进行更深入地了解。

（4）确认提问内容，切忌答非所问。如果一时间未能理解面试官提出的问题，可将问题重复一遍，并先谈自己对这一问题的理解，请教面试官以确认内容。只有搞清楚问题的内涵，才能有的放矢，不致答非所问。

（5）有个人见解和个人特色。面试官有时会将相同的问题提给不同的应试者，类似的回答也要听若干遍。如果某位应试者在回答问题时具有个人见解，并能表现出个人特色，那么他一定会引起面试官的注意。

（6）不要不懂装懂。如果遇到自己不知、不懂、不会的问题时，闪烁回避、默不作声、牵强附会、不懂装懂的做法都是不对的，都逃不掉面试官的“法眼”。正确的做法是坦诚自己的不足之处，并表示会继续学习，提高自己的综合能力。要知道，诚实往往更能赢得面试官的好感。

3. 观点展示

展示观点通常在问答应对的环节做出，通过回答面试官的问题，展现自己的综合能力和对事物的认知。但有些时候也会有额外发表观点的机会，这是非常好的个人展现的机会，但并非所有面试者都能利用得好。

必须强调一点，情绪激动地与面试官争辩某个问题是非常不明智的行为，冷静地保持不卑不亢的风度才是有益的。有的面试官会专门提一些看似“无理”的问题来试探应试者的反应，如果处理不好，就容易乱了分寸，更谈不上有什么观点展示了。

应试者无论在任何时候，都要注意语言表达的技巧，说话时除了表达清晰以外，还可以适当地插进幽默的语言，不仅能让自己的观点更加轻松愉快地表达出来，还会展示出自己的优越气质和从容风度。尤其是在遇到难以回答的问题时，机智幽默的语言会显示应试者的聪明智慧，有助于化险为夷，给人留下良好的印象。

应试者在阐述自己的观点时，需要及时注意面试官的反应。毕竟求职面试不是演讲，更接近一般的交谈，因此应随时注意听者反馈出的信息，包括表情信息、眼神信息、肢体信息和打断信息。一些微表情和微小的肢体动作是能反映出很多意思的，需要准确把握。面试者根据面试官的反应，适时地调整自己的语言、语调、语气、音量、修辞，包括陈述内容，如此才能取得良好的面试效果。

面试场上的语言表达艺术，标志着一名应试者的成熟程度和综合素养，又因为一些面试的成功与否关系到职业前途的好坏，所以掌握面试口才是口才变现能力中非常重要的组成部分。

升职口才：从一个靠说话屡获升迁的故事说起

有位朋友，从某民营集团里的一名普通销售员通过最短的时间坐到了集团副总裁的位置。他所仰仗的，除了自己不断提升的综合能力外，还有高人一筹的职场认知和由此锻炼出的职场口才，并将口才变现能力完美实施，获得了最大限度的变现。

十年前，这位朋友还只是所在集团企业的一名基层销售员，在销售过程中想要见到其他企业的高层甚至大老板是绝对不可能的。

但有一次，为了谈成一笔订单，他必须要见到对方公司的最高负责人才行，连“二把手”都无法做主。可是他的身份决定了他不可能见到，怎么办呢？他选择了蹲守，就在对方公司的办公楼走廊里等待，但恰好那两天公司大老板因为一些事情没能来公司。就这样，他一直等到第三天大老板才出现。

当他见到对方大老板时，稳了稳心神走上前去，说了三句话，便吸引了大老板和他聊了几分钟，然后他梦寐以求的那笔大生意就搞定了。此后不长时间他就升任他们集团的一个省级销售负责人，继而负责长江以南地区的销售业务，再后来就成为集团的全球业务销售总监，直到现在坐到了集团副总裁的位置。

对于这位副总裁而言，蹲守大老板那件事已经过去了十年，但至今回忆起来，他仍然感慨颇多：如果没有当初顽强蹲守的三天，就没有如今的自己，或许至今自己仍然是一名普通的销售员，更可能已经回到了老家，过着他们游牧民族放羊牧马的生活。

当然，这是他的谦逊之词，毕竟他是名校硕士毕业，即便放羊牧马也得是高段位的。但对于他来说，职场的真正起点，显然就是那几分钟。我问过他，当时到底和对方大老板说了什么？他出于行业规矩的考虑没有直言相告，但他说那次对话后的很多年里，他们集团卖出了天量的设备，而这种设备取代了原来的进口品牌供应商。价格呢，只是进口品牌的十分之一，质量却略有胜出。可见，当他还是个销售员的时候，就预见性地看到了未来的市场格局，并且能够将对未来的预见性传递给更有需要的人。

因此，在他与对方企业大老板谈话的几分钟时间里，一定做到了想对方之所想，急对方之所急，抓住了对方内心深处最迫切，但又模糊不清的需求，并清晰地讲了出来，解决了对方最核心的需求。如果让我去猜那几分钟里他究竟说了什么，我可以总结出三句话：

第一句：告诉对方，他能为对方带来什么！

第二句：他凭什么能为对方带来他所说的！

第三句：讲出他的策略或者简要的步骤！

这是一种治愈式的谈话方式，目的是给对方带去希望，并借助这种希望让对方增加对自己的信任。回想一些行业资深人士和我的第一次对话，虽然内容不同，但模式类似，基本都是这么两句话：

第一句：我料定你一定受困于什么问题？

第二句：我能解决这些问题。

详细解读之下，第一句便是"我知道你要什么？"第二句是"我能帮到你，但前提是你给我我要的，然后我给你你要的，如何？"非常有意思吧！这些资深人士深谙沟通之道，也明白如何通过沟通变现，将自己的利益最大化，并能帮助别人。更直接的解释就是：你有病，我有药，药很贵，但很值。

这是对口才变现能力驾轻就熟的人应该有的对话方式，即治愈式的或者是互助式的交流。职场人士在企业内部，不论是与上级、平级抑或下级交流，都要采用这种方式，即通过不断地替别人解决问题，并在替别人解决问题的过程中，顺带达成自己的目的。表面上看，帮别人解决问题是主线，实际上达到自己的目的才是主线，只是不能把自己主角化。

想要获得升职的机会，就要让老板 / 上级看到，你能给企业提供多大的帮助，能为企业解决哪些问题，让老板 / 上级明白，哪个职位更适合你，你是否适合更高的职位。而绝不能采用祈祷式的对话，即一味地强调自己喜欢学习，自己需要成长，自己需要同情和帮助等，因为你学习了什么，如何成长等，老板 / 上级并不关心，与他们也没有关系。

但在现实中，一些职场人士却经常用这种方法来与老板 / 上级沟通，可想而知不会有好的效果。比如，应试者告诉面试官，“自己想要学习，想要成长，所以来贵公司面试”；再如下级告诉上级，“自己遇到了怎样的苦恼，自己目前正遭遇怎样的麻烦”。这样做的目的太明显了，是希望获得别人的同情，借此获得更好的机会，实现自己的目的。但是，一个人遇见了什么问题，归根结底都是自己的问题，别人没有必然性的关心和帮助的义务，更多时候别人只是表面客套一下，关心几句，但心思仍在自己最关心的问题上。因此，职场人士想要获得老板 / 上级的认可，不要采用“祈祷式”的对话，工作顺不顺、心情好不好、生活有没有困难，一句话：“关别人什么事呢？”

我们是在与人对话，不是在庙里与菩萨对话，如果把别人当作菩萨来祈求得到什么，那么是不会有效果的。因为每个人最关心的都是“我能得到什么”，而不是“别人需要什么”，这是人性，也是人之常情。因此，此处我们模仿成功人士的口吻告诉你：不要问自己能得到什么，多问自己能够提供什么！

一个人要改变自己的命运，要么有资源，要么有方法。资源无须多说，方法就是“你能带给别人什么”？你想要的东西，一定是你在帮助别人达到目的的过程中捎带着实现的。这是涉及人性的道理，但并不是每个人都能时时刻刻遵守它。所以，只有少数人能通过解决别人的问题顺带着解决了自己的问题，进而改变了自己的命运。

加薪口才：跟领导谈加薪，这样开口比较合适

升职和加薪是职场人士最关心的两个方面，最好两者同时到来，实现名利双收，上一节我们阐述了升职口才，本节我们就来讲加薪时，即如何讲话能够让自己更好更快地加薪。

升职与加薪往往被合并在一起谈论，但两者又有着本质的区别。对于职场人士而言，升职是被动性的，员工可以力争获得升职的机会，老板/上级在对员工进行考察后确定升职人选。加薪则有一定的主动性，即员工可以主动向老板/上级提出加薪申请，并阐明加薪理由，由老板/上级审核是否通过加薪申请或者确定加薪幅度。

其实，职场中的加薪多数都是由员工自己提出的，这依然涉及人性，因为老板想的永远是如何降低人工成本，员工则永远希望能获得更高的薪资。这是一对矛盾体，却并非不可调和，双方在博弈间寻找一个契合点，就能达成协议。

向老板/上级提出加薪，是职场人士的必备能力，当然要结合自己的能力与付出和行业的具体情况而定，不能单纯只是因为想要提高薪水就贸然向老板/上级提出加薪，那样只会事与愿违。

通常员工向老板/上级提出加薪应有五个前提。

（1）自己的付出与得到的回报不相符。

（2）自己的表现超出其他同事。

（3）公司业绩增长明显，而你是主要功臣。

（4）你做成的大项目为公司创造了高收益。

（5）同行业公司、相同职位都有不同程度的加薪。

如果上述五个前提占据一个，就可以向老板 / 上级提出加薪，老板 / 上级也会慎重考虑。如果上述五个前提占据一个以上，向老板 / 上级提出加薪就成了必需行为，大大方方地与老板 / 上级沟通，直言不讳地提出加薪要求。可能老板 / 上级早已做好了员工提加薪的心理准备，当这一天到来时，很可能老板就顺水推舟，欣然接受，只是需要你适时地提出申请。

谈加薪选对时机很重要，比如在老板 / 上级心情愉快或者公司利润大涨时，提出加薪要求，沟通氛围会比较好，老板 / 上级也更容易接受。

向老板 / 上级提出加薪最好是单独进行，不要试图联合其他员工的力量，更不要作为带头人去与老板 / 上级沟通，否则不仅会激起老板 / 上级的抗拒之心，还会造成鹬蚌相争、渔翁得利的局面。

那么，向老板 / 上级提出加薪申请需要如何进行呢？主要需要通过以下三个步骤。

第 1 步：确定加薪标准需要通过老板 / 上级了解清楚，要达到什么样的标准或绩效，才能获得加薪的资格。有标准才能有的放矢，否则无论怎么谈，都有可能达不到加薪标准。例如，某公司老板规定，员工要达到他认可的能力后，才能加薪。看起来有标准——老板的认可，却等于没标准——怎么样才算被老板认可呢？如果工作时遭遇这样的公司规定，就有必要考虑自己的职业前途了，换句话说就是要考虑是否还有必要在这样的公司做下去。

有些岗位的标准可以明确标出，比如销售岗位，达到多少业绩就可以加薪；但有些岗位却无法制定确切的标准，比如文案工作，要如何界定优秀与不够优秀呢？这类无法明确制定标准的岗位需要和老板 / 上级有针对性地进行探讨，但要注意场合，不能在严肃的场合和过于放松的场合，应选择一些能够收放自如的场合，如午休期间或者陪老板 / 上级出差的路上。

在探讨之前需要进行气氛预热，可以先向老板 / 上级请教其他问题或者汇报一些事情后，顺带着提出加薪标准的问题。可以这样问：“您说我这工作，怎样做能从月薪 7000 元涨到 10000 元呢？我需要做哪些工作，能够符合这个标准？”

思考一下，当提出这样的问题后，老板 / 上级会有怎样的姿态呢？多数可能是摆出“好为人师”的姿态给你讲：要做到什么，要承担什么样的责任，要解决什么样的问题等。这样关于加薪的标准就一条条地列出来了，你也有了努力的方向。

第 2 步：当了解了公司或老板 / 上级的加薪标准后，就可以适时讨论工作表现了。可以这样跟老板 / 上级说：“在您没说之前，我还真没注意到这几点，我想了想好像还算做到了。您说的第一点，我当时做了……；第二点，我承担了……责任；第三点，我解决了……问题。”

用半开玩笑的方式，就像跟对方闲聊一样去讨论自己的工作表现，举出一些具体的事实去论证自己确实做到了。

当然了，老板 / 上级大概会说“你还没有做到，因为……”。你可以适当举出一些相应的工作表现去论证，当然也不要强力表现，毕竟加薪是两相情愿的事。

第 3 步：畅谈未来责任。在与老板 / 上级沟通后，当你觉得不适合继续聊工作表现这个话题时，就要主动变换话题，从对工作的憧憬和责任入手，比如，我相信您对我有更高的期许，期望通过我的努力和不断进步，能更好地维护客户资源，解决咱们公司的……问题。我希望能在明年打造出一个明星部门，给咱们公司树立一个榜样。

畅谈未来责任与未来担当，会让老板 / 上级正视你的努力，并在未来及时发现你的成绩。这样做等于在给老板 / 上级一种暗示，提拔你或者给你奖励，能够让企业获得更大的回报。这样，即便老板不会当场给予奖励，也可能会做出许诺，当你下一阶段做到……标准，就会给你涨薪或升职。

通过上述三个步骤可以看出，与老板 / 上级探讨加薪是一件技术性很强的事，最重要的考核就是口才能力。口才能力卓越的人，能很容易地通过口才实现变现，切切实实地将口才变现为增长的薪资。此项能力尚有欠缺者，则会折戟于探讨加薪的路上。总的来说，当要求加薪时，多数人一开始就输了，主要是因为陷入了以下三个陷阱。

陷阱 1：牢骚满腹。很多人因为很久没能得到加薪和被重视，所以总是发牢骚，即便和老板 / 上级探讨涨薪时也是牢骚满腹，抱怨自己来公司这么久了竟得不到认可，抱怨自己经常加班却得不到涨薪的机会，抱怨比自己晚进入公司的人的薪水已经超过了自己，抱怨公司的薪资标准在行业内排行低位……无论是哪种抱怨，只要是抱怨的情绪，涨薪就基本没戏了。因为抱怨不但得不到老板 / 上级的认可，反而因为过多宣泄负能量而

被老板 / 上级厌恶。

陷阱 2：祈求同情。博同情的陷阱衍生于牢骚的陷阱，认为自己付出了很多，却没有得到相应的回报，因此寄希望于老板 / 上级的认可。甚至还有一些人还使用了卖惨的招数，说自己的家庭如何困难，说自己如何怀才不遇等。但又能怎样呢？如果未能给公司创造更大的价值，依然不会得到涨薪的机会。

陷阱 3：威胁逼迫。有些性格较强势的职场人，会选择威胁老板 / 上级，如果不给自己加薪，就曝光上级的竞争黑幕；如果不给自己加薪，就辞职带走客户……

这种方式也许会让一些老板 / 上级暂时服软，但对方一定会想办法摆脱这种局面，重新掌握主动权。到时就会发现，当初对别人的威胁变成了捆绑自己的枷锁。所以，一定不要用这种恶劣的方式去跟老板 / 上级谈加薪。

其实，并非所有老板 / 上级都不愿意给员工加薪，如果能充分认识到员工的价值，发现某位员工的薪资与能力并不相匹配时，老板 / 上级也是紧张的，毕竟人才难得，不能让人才因为不公平的待遇而离开。所以，是否该提出加薪，在什么时间段提出加薪，老板 / 上级能否同意加薪，关键在于员工解决问题的能力和创造更大价值的能力，能力到了，贡献到了，价值到了，加薪只是水到渠成的事。

汇报口才：你应该这样向老板汇报工作

很多初入职场的人认为，只要自己努力工作，老板就会看在眼里。当然有这样的可能，但现实更多的却是一些人非常能干，但并未得到重用，因为老板没看见这些人的努力。不能怪老板有眼无珠，毕竟老板每天的事情很多，没有更多精力去了解员工，只能通过与员工的偶尔接触或员工的工作业绩进行了解。因此，与其让老板来发掘自己，不如自己主动搭建一条更容易让老板发现自己的路径。

这条路径就是向老板请示与汇报工作，这是加强和构建与老板关系最重要的途径，因为只有请示与汇报时，员工才能与老板有言语的沟通，老板才能知道员工做了什么，当前的工作动态如何，也才会对汇报工作的员工有所了解。了解是建立后续关系的基础，有了了解才会慢慢产生信任，有了信任才会将更多资源有目的地向信任的人倾斜，这是环环相扣的过程。

职场中口才变现能力的主要实施对象就是老板，老板掌握着员工晋升的通道，在一定程度上把控了员工未来的发展。如果能通过有限的机会将工作成绩呈现给老板，就会有更大机会得到老板的重视与认可，未来的职场之路也会走得更加顺畅。

那么，究竟要如何向老板汇报工作呢？可以总结为以下几点。

1. 掌握汇报时间

老板一般都比较忙碌，可能不经常在公司，因此向老板汇报工作需要找好时间。比如，不能在老板着急处理某件事情时，也不能在老板准备出去办事时，更不能在老板接待重要客人时。

一般情况下，在确定老板的办公室没人时，且老板暂时也不可能有什么紧急工作的时候去向老板汇报工作，是最好的时机。还有一个时间点可以重点关注，就是公司快下班的时候。如果当天老板在公司，说明老板那天的时间比较充裕，也能和员工一起下班，此时和其汇报相关的工作，不仅体现出自己的工作效率，还能让老板在比较轻松的状态下认真倾听。

有一种例外情况，就是事态紧急，必须立即汇报，而老板恰好要出去办事或正在接待客人。前者情况可以赶在老板出去前汇报完毕，毕竟是紧急的事情，老板不会感到反感；后者则应该先征得老板的同意，是否暂时搁置接待，先完成汇报工作。

2. 注意汇报顺序

老板都很忙，没时间听你碎碎念，因此汇报的最佳顺序是：结论优先，理论在后。

先告诉老板要说的是什么事，老板需要重点了解什么，需要配合什么或者给予什么支持，比如是要老板审批资源，还是要让老板确认方案，抑或是要让老板做出决策等。最常见的方式是开门见山，用一句话说明结论。这样老板能立刻知道你的目的和想法，不需要额外花心思去总结和猜测。这样做的另一个好处是以点带面，逐步具体。汇报工作需要抓住一条主线，即本企业工作的整体思路和中心工作。将主线展开后，可分头叙述相关的做法措施、关键环节，以及遇到的问题、处置结果和收到的成效等。

3. 突出汇报重点

任何一项工作都有重点，把握重点意味着抓住了工作的要害，这些要害问题往往关系着企业的重要利益，上级也会重点关注这些问题。汇报时必须抓住重点工作过程和典型事例加以分析、总结和提高，建议每次只突出一个重点，最多不要超过三件事，这样有利于上级厘清思路，迅速决断。

如果还不会抓重点，可以遵循“二八法则”，即汇报的内容中的 20% 是重要的，余下的 80% 可能是一些资料和辅助信息。当在汇报伊始说明了结论后，接下来要挑出 20% 的重要内容按照一定的逻辑顺序分要点说明，剩余的 80% 的辅助性内容有必要的可以简要说明，没必要的可以一语带过。

4. 讲究汇报技巧

每个人都喜欢听好听的，老板也不例外。如果此次工作汇报中，既有好消息，也有坏消息，那么要尽可能先汇报好的结果和过程，先让老板心情愉快，再汇报存在的问题，最后汇报负面性的疑难杂症。在汇报问题和疑难杂症时，一定不要推过揽功，该是谁的责任就是谁的责任。且在汇报过程中要附带上应对措施和方案，这样不仅能让老板看到你认真的态度，还能从措施和方案中发现你的能力，最重要的是为公司解决问题提供了具体思路，并节省了时间。

5. 保持开放的心态

很多人对于汇报工作存在误解，即将汇报工作当作和老板辩解的机会，极力想要在老板面前说明自己的方案或动机，结果站在了老板的对立面，忘记了汇报工作的初衷。

向老板汇报工作，主要目的是获得老板的认可与支持，而不是和老板对抗。想要阐述自己的理由，也不能只顾着说自己的事情，还要学会主动提问，积极跟老板互动，并听取老板的建议。比如："对于这一点，您看这样安排合适吗？""现在的方案，您认为还有哪里需要调整？""关于……问题，可以先尝试……做吗？"保持开放的心态，才能容得下他人的不同意见，何况这个"他人"还是老板。常言说得好"办事不由东，累死也无功"，和老板对抗，对了也是你的错，错了你会更惨。

作为职场人，必须明白一个道理，作为公司的创始人和领路人，老板的单项能力可能未必强于员工，但综合能力毋庸置疑是公司最强的，且经验也最为丰富。员工在与老板交流时，必须保持开放心态，积极互动，才能从老板身上学到对自己有益的东西，也会对自己未来的职业生涯产生诸多益处。

6. 明确自己的需求

这次汇报工作，希望从老板那里获得什么支持呢？在汇报工作的开头结论里，要明确表达自己的需求。一些职场人士总是不愿意对老板提出需求，担心自己提需求会遭到老板的不满。因此，在尚未提需求时，就自己吓退了自己。可是，工作中是一定会产生需求的，如果在应该得到老板支持的时候得不到支持，就不能完成工作，那样才真的会让老板不满。

而且，对于从来不敢提需求的员工，有能力的老板会认为这样的员工不够自信，而不自信就说明能力不够。

其实，汇报工作好比临门一脚，平时工作努力加上懂得汇报工作，才能获得老板的重视和认可。

与平级沟通的口才：通过沟通，让平级同事理解和支持你

古代寓言《偷斧子的人》，讲述了一个人丢了斧子，便怀疑是邻居偷的。然后他便时时观察邻居，发现邻居走路、说话都是异常的，一举一动似乎都表明了“是我偷了斧子”。后来，他在山谷里找到了自己的斧子，再看到邻居时，发现邻居走路、说话都不异常了，一点也不像偷斧子的人了。

这个故事看起来和平级交流之间没有什么关联，但却能映射出平级之间缺乏沟通而容易引发猜忌的现实。在现实工作中，确实存在平级之间互相猜疑、互挖墙脚的事情。因为平级之间没有隶属关系，有的更多是竞争关系，个人更看重自己的价值和利益，忽视他人的价值和利益，因而也更容易将责任推给别人，将利益留给自己。

鉴于此，我们提出一个问题：在与上级、平级、下级进行沟通时，最难的是哪一个？

感觉好像是与上级之间，但实际操作后发现却是和平级之间。因为上

下级之间有权力约束，如果自己是下级，会对上级保持尊重，如果自己是上级，下级也会给以尊重。但平级之间没有权力约束，沟通双方（或各方）可以各自为王，谁也不会让着谁，谁也不会照顾谁，因此沟通时经常会陷入僵局，如果再涉及利益关系，那么沟通就直接进入了死局。这就是很多人感慨的平级间沟通难的原因。过往只重视对上级的沟通，导致平级沟通口才能力欠缺，严重影响了自己的职业生涯走向，也让口才变现在平级这里成为“不可能”。

与平级同事沟通，既不能以“让对方听话”为目的，也不能以“自己主动退让”为前提，而是要在地位平等的基础上进行互动性沟通，争取获得平级同事的理解与支持。下面，是总结出的平级沟通的几个关键点。

1. 出现问题，不要只找对方的错误

工作中想要做到百分之百不出错误，是非常困难的，即便管理得再细致，执行得再认真，也会有出错的时候。如果在与自己有关的环节出现了问题，该怎么办呢？不能只从他人身上找原因，也不能只从自己身上找原因。因为一个错误的产生，往往意味着多个环节都出现了纰漏，最终导致了错误越积越多而爆发。

只从他人身上找原因，不仅解决不了问题，还会将问题扩大化，让错误迟迟无法得到解决。而只从自己身上找原因，同样不会很好地解决问题，因为其他犯错误的人并未得到反思和改正的机会。

出现了问题，不推卸责任，不说“要不是你们部门……客户怎么会跑单”“要不是你……这件事情怎么会失败”这类没有意义的抱怨之言，同时做到自我反思。列宁说：“当一个人，到了自我反思的时候，他将进入一个伟大的起点。”及时反思自己或自己部门存在的问题，有助于在未来的工作中不再犯此类错误。

2. 主动沟通，主动与他人协作

这个世界上所有的矛盾、斗争、冲突，几乎都是缘于不大的小事，因为没有及时沟通，小事最终积成了大事，直至变成一堵难以逾越和推翻的墙，把人隔离成不同的阵营。

企业内部本来就存在部门墙，如果再出现沟通不畅的情况，部门墙就会变得高耸入云、密不透风。因此，为了让工作更加顺利，一定要主动沟通，多沟通，做到有事时要就事论事地沟通，没事时要联络感情地沟通。

人与人之间、部门与部门之间都是需要合作的，只有合作才能共赢。职场中必须要有共赢的心态，与平级同事沟通更是如此，要抱着“让对方赢”的想法去沟通，去配合。当你真心诚意地帮助了别人，别人也会加倍回报你。吸引力法则告诉我们：当所有人都希望你赢的时候，宇宙也会帮助你去赢。因此，在与其他平级同事沟通工作时，应该经常说“您看我需要怎么配合”“您看我们部门需要怎么配合你们部门的协作”。

3. 态度谦卑，切忌搬上级来压人

听过一句话：人生处处是考场，人生事事皆考题，人生人人为我师。现实也的确如此，我们生命中经过的每一个人都可能成为学习的对象，我们身边的每一个同事都值得我们去学习其优点。与平级同事沟通时，一定要发现对方的优点和特长，用谦卑的心态去学习，放低姿态向对方请教。

平级之间常会出现沟通不畅的情况，此时可以通过进一步沟通，逐渐解决。切记不要跑到上级（自己的上级或对方的上级）那里去告状，这种做法只能显得“原告”很无能，连工作中的正常沟通都做不好，居然还要上级出面压制对方。而且，如果上级出面解决了问题，将来的沟通会更加不顺畅，没有人愿意和一个动不动就打小报告的人合作。

总之，与平级沟通的难度要大一些，需要更多的耐心与技巧，才能做到高效沟通。但如果真的做到了游刃有余，会发现通过沟通能达到的目标极大扩展了，自己的事业高度也能够获得极大的提升。

与下级沟通的口才：让“有效沟通”贯穿于管理全过程

没有哪个上级不需要和下属沟通，只有有效的沟通才能使下属的执行力更强，工作更好地进行，上下级的关系更加融洽。但是，很多上级却并不重视与下级的沟通，认为只需要对下级发号施令就可以，下级也只需要听命执行即可。于是，在实际工作中，有的领导者的下属工作效率非常高，有的领导者的下属工作效率却很低，这能将责任都推到下属身上吗?显然不能，毕竟下属的工作效率往往来自上级的领导。领导有方，则下属能力强；领导无方，则下属能力弱。那些只知道发号施令，不懂得如何与下属沟通的领导者，其领导力必然是低下的，其下属的工作能力也必然是低下的。相反，那些懂得与下属沟通的领导者，下属的工作能力也会在上级的有效领导下逐渐提高。因此，上级与下属之间，不能是绝对的命令关系，而应是有效的沟通关系，上级要做的是将口才中的变现能力提取出来，施加于具体的领导工作中。

上级与下级沟通可以分成两个部分解读，分别是了解下属的期望和掌握与下属沟通的要点。

1. 了解下属的期望

在与下属打交道时，作为一个合格的上级要尽量做到不恼怒，不苛求，不偏袒，要以主动的态度，了解下属对自己的期望。一般而言，下属对上级的期望主要体现在以下几个方面。

（1）一视同仁。不能凭个人好恶亲疏区别对待下属，应从企业和部门的角度看待问题，做到就事论事，而不是就人论事。

（2）办事公道。秉承公平、公正和人尽其才的原则调配下属，力争让每个人都有好的表现机会。但公平不是平均主义，而是在分配工作时做到奖罚分明，在分配利益时做到公正无私。

（3）理解关心。下属有自己的工作和生活方式，上级应该学会倾听，理解下属的想法和情感，并在下属有了切实困难时，帮助下属调整心态，也可以在工作中给予其更多扶持。

（4）不摆架子。在工作中少用命令，多用商议的口气，如“我们这样做是不是会更好”。在与下属交谈时也要掌握分寸，不要处处都想彰显领导权威。作为上级，是否在下属心中有威严，需要通过实力去彰显，而不是颐指气使的态度。

（5）征求采纳。作为上级必须明白，自己不是无所不知、无所不能的，在一些情况下也需要向下属请教，征求他们的意见，并采纳合理的建议。

（6）目标明确。作为上级领导者，最重要的能力就是能明确制定目标，目标明确了，工作才好做，奖惩也就有了依据。

（7）命令准确。不够准确的命令会产生歧义，令执行者的理解出现偏差，在执行过程中出现错误的概率增大。因此，作为企业中一个层级的领导者，发布命令的准确程度应像机场上的管制员给飞行员发指令一样准确。

（8）及时指导。工作中，下属有些时候希望独立完成工作，有些时候则需要得到上级的指导。这时，上级应该及时给予指导，如此既能显示出自己对下属的关注，也能起到临场培训的作用。

（9）荣誉加身。每个人都同时需要经济支撑和精神认可，作为上级绝不能独揽荣誉，而应将经济奖励和荣誉奖励与下属分享，毕竟自己所获得的一切都要仰仗团队的支持。而且自己的团队中人才辈出，也说明自己领导有方，对于自己的进一步升迁也有助益。

2. 掌握与下属沟通的要点

必须在了解了下属对上级的期望后，才能进一步阐述与下属沟通的要点。下面将与下级沟通需要掌握的要点列出，供大家学习参考，让大家的沟通更加高效。

（1）站在下属的角度考虑问题。设身处地，将心比心，人同此心，心同此理。作为上级领导者，在处理问题时应换位思考，比如要求下属必须执行某项工作时，不是用强制命令，而是在替下属考虑到切实困难的基础上将道理讲清楚，并保证在必要的时候给予下属支持。此外，还可以将下属放在领导的位置上陈述苦衷，抓住下属的关注点，这样沟通更容易成功。总之，上级站在下属的角度，为下属排忧解难，下属就能替领导排忧解难，共同努力来提高业绩。

（2）多激励，少斥责。身为上级领导者，应适时地给予下属鼓励和勉励，认可并褒扬下属的某些能力。当下属不能愉快地接受某项工作任务时，上级不能用强制的命令，而是可以这样说："我知道你很忙，抽不开身，但这件事只有你去解决，我对其他人没有把握，考虑后还是觉得你是最佳人选。"这样的沟通方式使下属无法拒绝，巧妙地将下属内心的"不"变成了"是"。

（3）经常谈心，增强凝聚力。每名下属都希望得到上级的重视和认可，这是一种基本的心理需要，因此上级经常找下属谈心有助于形成群体凝聚力，对于高效完成工作非常有帮助。谈心的面可以很宽泛，比如可以谈工作，谈生活，谈发展，谈理想，谈个人，谈观念等。经常找下属谈心，可以及时掌握下属的心态和情绪变化，以及工作的情况。

（4）上级应该是下属的朋友。领导者的说服工作，在很大程度上是情感的征服。感情是沟通的桥梁，即便是上级说服下级，也不能以权压人，而要以理服人、以情感人，和下属间架起情感的桥梁，才能顺利攻破下属的心理堡垒。上级与下属沟通时，要让下属感到上级并不抱有任何个人目的，而是为下属的切身利益着想，真心实意地在帮助下属。

总之，上级与下属沟通，必须要拉近心与心的距离，产生"自己人"的效应。沟通是情感传递的纽带，让有效沟通成为贯穿管理全过程的主旋律和完成集体目标的主体力量。

与客户沟通的口才：最重要的是开场白和结束语

我们从面试一路走来，到与上级、平级、下级沟通，都是在与企业内部人员进行沟通。现在需要将沟通的范围扩大，与企业外的客户进行沟通。

企业内与客户沟通的主体是管理人员和销售人员，尤其是销售人员会长时间与客户打交道。为了能与客户达成合作，销售人员会绞尽脑汁，不仅从产品的品质、定价、数量等方面给客户带去价值，也要对与客户打交道的其他方面进行精心设计，争取让客户无限接近百分之百的满意。无论是怎样的设计，都需要通过沟通能力来实施，否则环节设计得再好，语言表达不到位也无法达到预期的效果。

与客户沟通是“持久战”，从第一次接触客户，到后续的谈判、合作、服务等，时间跨度非常大，有的客户还成了企业的终身客户，沟通也将一直持续下去。限于篇幅，本书不可能将与客户沟通的全过程都讲解一遍，我们挑选最重要的部分进行重点讲解。

与客户沟通最重要的部分是开场白和结束语，因为人们在沟通时更容易记住最开始和最后发生的事情，销售也是如此。下面对这两个部分进行详细的讲解。

1. 对变现有重大影响的开场白

在与人接触时，第一印象非常重要。我们可以回想自己第一次与别人接触的情景，哪怕以后接触了很长时间，但脑海中仍然会留存对对方的第一印象。很多时候，如果对别人的第一印象差，就不会有后续的接触了，因为没有人愿意再花时间去了解别人。

与客户接触更是如此，本就是有利益关联的对立方，彼此都带着几分戒备，如果第一印象直接垮了，后续能达成合作的概率就会大幅降低。因此，销售人员将与客户第一次接触的开场白视为口才变现的核心环节，做好这个环节将为未来的接触与合作打下良好的基础。那么，要如何设计与客户首次接触的开场白呢?

（1）关注客户需要。只有产生关心，才能产生关系。乔·吉拉德被誉为“可以在任何时间和任何地点向任何人推销任何产品的传奇式人物”，他的秘诀之一就是认真地关注客户的需要。在和客户沟通时，想要有一个好的开场白，就必须了解客户的需要，然后投其所好，吸引用户主动沟通。

（2）让客户感受到足够的热情。热情是有效沟通的启动键，销售人员对产品的热爱程度和对客户的热情程度，都将影响客户的决定。那些顶尖的销售人员之所以能成功，就在于他们在任何时候、任何情况下都具有感染人心的热情。

（3）清晰地表达观点。开场的热情寒暄之后，就将步入正式的开场白。切记，不能过于冗长，也不能不分主次，要用最清晰、最简明的语言使客户获得其想要知道的关键信息。

（4）不可直奔主题。有些销售人员因为急于要表达销售意图，便会在与客户见面后就急于发动销售攻势，甚至言语间出现错误，影响后续沟通。双方刚开始接触，客户此时更想了解关于企业和产品的信息，而不会迅速做决定。销售人员要在最开始时对企业和产品的关键信息进行简要介绍，待用户对企业和产品有了一些了解后，再进行后续的深入沟通。

（5）不可长篇大论。无论是开始沟通还是后续沟通，都不要在与客户的沟通中长篇大论地发言，以免引发客户的反感。而是要在热情简练的开场白后，认真听取客户对产品的看法及要求，这样才有利于后续展开有针对性的沟通。

开场白并非只是与客户会面后的第一句话或前几句话，而是与客户会面初期的一系列行为和语言的总和，包括得体的服饰打扮、稳重的举止状态、对客户的尊重、积极的心态和对客户状态的观察。

2. 对变现有挽救作用的结束语

需要先明确一个概念，结束语不代表沟通彻底结束，而是沟通的暂时中断。有人将结束语比作下一次沟通的提前开始，是非常恰当的，尤其是第一次沟通的结束语，作用更大，有一个好的结束也会让下一次沟通更加顺利，并最大限度地避免出现“一次性客户”。

（1）奠定再次沟通的基础。第一次与客户的沟通效果是非常薄弱的，因为客户需求还不能准确全面地挖掘，还需要持续跟踪进行沟通，才能获得客户的信任。所以，要更加重视第一次沟通的结束语，可以说一些略带恭维和夸奖的话，争取最大限度地给客户留下深刻印象。比如：“很高兴认识您，与您畅谈让我学到了不少，感谢您的耐心解答，期待与您下次会面！”“我对 ××× 领域也很感兴趣，下次如果方便您可以给我讲一讲，既感谢又非常期待！”

（2）灵活改变信息传递的方式。与客户沟通一定要灵活，信息内容虽然是固定的，但传达信息的方式是多变的。销售要学会根据不同的客户改变信息传递的方式，但也要保证信息内容是一致的。像这种没有事先约好，而是主动登门或通过电话销售的方式，想向客户传递信息并不容易，遭遇拒绝的情况时有发生。因此，当察觉到客户要拒绝时，可以改变自己的目标，趋利避害地扭转沟通方向，使沟通内容更有利于自己。比如，当客户拒绝后，不要直接对客户说“很抱歉打扰您的时间了”，而是改成“非常感谢您能给予我这个机会，祝您工作顺利”，这样会给客户留下深刻的印象。

（3）学会感谢客户。与客户沟通时，如果有些想法和客户达成了一致或是得到了客户的认同，一定不要吝啬自己的感谢，可以向客户说些表示感谢的话，既让客户感受到诚意，还可以让客户认真考虑你的提议。比如，“非常感谢您的认可，您的支持就是我工作的最大动力，我一定不辜负您的信任”。

总之，结束语是要为下一次的开始做铺垫，争取更多机会。态度积极的结束语既可以给客户留下深刻印象，也可以给自己带来更大的回报。

第六章　领导口才变现：让队员跟着干事业，为下属解决问题

领导者的口才能力，不应只体现在“命令”上，毕竟只会发号施令的领导者并不是一位真正合格的领导者。领导者的口才能力应体现在带领下属更快、更多、更好的变现上，即让下属明白跟着领导者干事业可以为自己带来诸多收益，让下属在不断获得收益的同时，超额完成工作。

与上级沟通的口才：善于上行沟通，有事半功倍之效

上级与下级的关系，既是领导与被领导的关系，也是相互协作的关系。

美国人力资源管理学家詹姆斯·科尔曼说：“职员能否得到提升，很大程度在于领导对你的赏识程度。”这句话的意思很明显，上级是否器重下级，除了个人工作能力外，还受很多因素的影响。其中，是否能恰到好处地与上级对话，就是一个非常关键的因素。与老板/上级打交道，应该说什么，不应该说什么，什么时候该说什么等，都是有讲究的。

作为职场人士，与上级沟通的口才能力在一定程度上决定了一个人职业生涯的走势，这也是口才变现能力的最直接体现之一。因此，与上级沟通需要做到以下六个“要求”。

要求 1：理解上级，增强沟通的针对性。应当尽力了解上级的社会背景、工作作风、生活习惯、个人爱好、事业目标、家庭情况等。然后根据上级的品性、素质、特征，决定如何沟通。

上级也有被了解的需要，也同样需要感情的慰藉。因此，要取得上级的信任和支持，除了靠能力，靠业绩，还要靠有效地与上级沟通，靠在工作和日常相处时给他留下好的印象，而这都需要高超的口才变现能力。

要求 2：尊重上级，维护上级的领导形象。领导形象是领导有效实施管理的重要因素。因此，上级都希望下属能自觉维护其领导形象。每个人都有自尊，特别是上级领导，所以下级应时时注意维护领导的尊严和权威，显示对领导的尊敬。

比如，在有上级出席的会议上，不要提出上级不了解的新情况，而应事先将情况告诉上级。比如，在上级尚未做出决定之前，下级可以表明自己的看法，提出建议，一旦上级做出决定，就不要再坚持己见。比如，当上级情绪激动地批评下属时，下属不要争辩，即便不是自己的过错，也要等到上级心气平和之后再找时机加以解释，这是一种礼貌，体现了对上级的尊重。

要求 3：摆正关系，沟通过程中做到“四适”。与上级沟通要做到适时、适地、适事、适度。

适时：与上级沟通要恰当地选择时机，如上级正在忙碌、身体不适或心情不快时，都不要与其进行沟通。

适地：与上级沟通要看场合。工作上的事务，要在会议或公众场合提出；对上级个人的建议，应选择私下场合进言。

适事：与上级沟通要因事而论。重大、紧急的事务要及时汇报，一般事务要在上级闲暇时汇报，无关紧要的事务不要向上级汇报。

适度：与上级沟通的频率和力度都应有度。不应遇事就找上级请示，也不能凡事都不向上级请示；沟通的力度不应过于强硬，也不应过于软弱，只需要摆正心态，将涉及的事情说清楚。

要求 4：恰当交流，密切关系社会心理学研究认为，交往频率对建立人际关系具有重要作用，不与上级主动交流，甚至采取回避态度，很难与上级的认识取得一致，更谈不上相互之间的支持、协调和配合。因此，下属应积极主动地与上级交谈，逐渐消除彼此间可能存在的隔阂，使上下级关系更加融洽。

下属与上级沟通，需要对上级保持尊重，但不能因为过于谦卑而变得自卑，应在保持独立人格的前提下，以不卑不亢的态度，从工作出发，摆事实，讲道理，与上级进行诚恳、得体的沟通。

想要密切与上级的关系，不能靠马首是瞻的拍马屁方式，而应采取有理有据地赞美上级优点的策略。最好是在无所求的情况下说出赞美之词，以避免有恭维讨好之嫌。赞美上级要注意说话的态度和表情，言语谨慎，要表现得像朋友一样。赞美上级的优点要尽量具体化，用语越翔实具体，越恰如其分，越能体现出真诚和可信。

要求 5：多说建议，少提意见。虽然两者看起来很像，但应用在具体场景中却是完全不同的含义。提建议，是站在和对方相同的立场上解决问题；提意见，是站在和对方相反的立场上进行批评和指责。

上级也是人，也会有出错的时候，遭遇这种情况应该怎么办？是将错就错地任由事态恶化，还是不管不顾地直接给上级纠错？两种方式都不对，正确的方式是既要指出错误，又要保留对上级的尊重。

《左传》中有言："献其可，替其否"，意思就是建议用可行的方法去代替错误的方法。具体到工作中，正确的做法是单独与上级进行面对面的沟通，提出合理的建议，并与上级一起商讨建议的可行性。

注意，提建议时最好不直接点破上级的错误所在，也不要替上级做决定。成功学大师戴尔·卡耐基说过："如果你仅仅提出建议，而让别人自己得出结论，让他觉得这个想法是他自己的，这样不是更聪明吗？"

要求6：避开禁忌，助力职场发展。一些人在与上级沟通的过程中，总会不由自主地犯一些语言禁忌，导致沟通效果严重打折。下面将必须注意的几种细节性的语言禁忌列出来，供大家参考。

（1）无论私底下和上级的关系有多好，都要记住在工作中必须保持工作关系，不要忘乎所以或者违反原则。

（2）回答上级提问时不要说"嗯""随便""都行""可以"这类不冷不热的话。也许你觉得这没什么，但在上级看来就会觉得这样的下属不懂礼节，且不把工作当回事。

（3）上级将工作分配下来，不要上来就说"不好办""有困难"，一方面会让上级下不来台，另一方面也显得是自己在推卸责任。

在职场中，要想与上级进行有效沟通，需要有较强的语言表达能力，因此必须要好好磨炼语言技巧。一个会说话的人不仅在职场中受欢迎，在其他任何地方都会受欢迎。

提高说服力：领导者的重大课题

说服是做好领导工作的一项基本功，说服力是领导者综合素质和能力的重要组成部分。说服，就是用理由充分且不带有个人感情色彩和偏好的话令对方心服。

提高说服力是当代领导者必须要面对的重大课题。这句话的提出，源于对现实的思考和对现状的了解。从领导科学的角度看，领导者主要面临着四大变化，即领导环境、被领导者、领导目标和领导方式的变化。因此，提高说服力，是领导者适应当下现状的技能。

（1）领导环境的变化。当今世界正处于大发展、大变革、大调整时期，世界多极化和思想多元化趋势不断发展，以说服力为重要组成部分的文化软实力之争更加激烈。作为领导者，不能陷入“老办法不好用，新办法不会用”的被动中，只有提高说服力，才能有效应对经营管理过程中遇到的各种问题，妥善处理不同利益群体间的关系。

（2）被领导者的变化。初入职场的“00后”被冠上了“整顿职场”的名号，虽然是玩笑，但也反映了被领导者的变化。在过往的时代里，被领导者处于绝对弱势地位，但随着全民文化水平的提升，被领导者的文化素质得到了整体性的提高，其参与社会事务的能力在不断增强，利益诉求越来越多，社会成熟度越来越高，信任盲从越来越少，独立判断能力越来越强，因此对于领导者的领导方式有了自己的见解，不再唯命是从。被领导者的这些变化都要求领导者深刻寻找与下属沟通的共同语言，用强大的说服力，把问题解决在萌芽状态，把矛盾化解在源头。

（3）领导目标的变化。领导目标也是领导者必须肩负的责任，是不断变化的，原来的任务完成了，新的任务又来了，需要再次就具体任务做说明工作和就具体困难做说服工作。特别是在具体任务与下属具体利益相冲突的时候，亟待领导者运用说服能力进行协调。

（4）领导方式的变化。说服力自古就有，比如有名的苏秦之口和张仪之舌，仿佛就是为说服而生的；再如诸葛亮舌战群儒，是一场“一对多”的漂亮说服战；再如于谦力排南迁，拥立代宗即位，再以“社稷为重，君为轻”挫败瓦剌挟英宗逼和的企图，最终力挽大明江山。说服力随着时代的前进，也在与时俱进，为适应新形势、新情况，特别是当今社会快节奏、网格化的特点，领导者需要进一步拓宽说服渠道，丰富说服手段，创新说服方式，运用更贴近时代和更具科学性的说服方法去说服下属。

领导者没有说服力，不只是语言问题，而是缺乏进取心；不只是能力问题，还可解读为缺乏担当。领导者培养说服力，需要做到下面三个“以……服……”。

（1）以事服人：说服包括“问”“听”“说”“服”四个环节。衡量说服的效果，不是看说服者的官位有多高，说的时间有多长，说的力度有多狠，关键看说服的实效，看能不能把问题通过说服而解决。领导者若要以事服人，必须坚持问需于下属，问策于下属，多做让下属获益的实事。

（2）以理服人：“好东西也需要说”，只有讲明道理才能让人心服。领导者在讲道理时，必须要有理论自信，做到“真懂”“真学”“真用”，处理好自信与他信的关系问题。领导者需对问题的本质和规律准确把握，做到以规咨人，以法说理，才能避免出现“被说服”或“无效说服”的现象。

（3）以德服人：领导者应以高尚德行为准则，始终保持高尚的底色，将自己树立为德行的榜样，以榜样的力量增强说服的效力，再辅以蓬勃的朝气、昂扬的锐气和浩然的正气，为说服增添砝码。

领导好口才的标准：沟通、引导、激励

国内一份沟通培训材料显示，大多数团队中的中高层领导最缺乏的是口才能力，确切地说是借助口才的变现能力。培训报告上说，一名合格的领导者，口才变现能力应占到综合能力的80%，其他所有能力相加占到20%。为什么比例差距如此之大呢？因为，其他一切能力都要靠口才来体现。作为领导者，口才能力欠缺就等于与下属的沟通不到位，对工作的引导做不好，对该激励或该惩罚的事情不能表达清楚。试问，这样的团队如何能具备战斗力呢？又如何能应对商海中激烈的竞争呢？可见，作为领导者，口才变现能力的强弱直接决定了其所领导团队实力的强弱。

作为一名优秀的领导者，必须要有出色的口才。好口才的标准一般有三个方面，即沟通能力、引导能力和激励能力，三者合一才能将口才变

现能力发挥到最好。下面，针对领导者好口才的三个方面逐一进行详细解释。

1. 沟通能力

领导者沟通能力的强弱，能在一定程度上决定企业的整体效益。但是领导者必须要注重如下三个方面的培养，才能减少工作中的矛盾，得到员工的支持。

（1）沟通应以诚信做基础。任何沟通，双方都必须尊重沟通过程和沟通结果。如果对沟通的过程不满意，可以在适当时候提出来；如果对沟通的结果不满意，可以约定时间再次沟通；如果是敷衍式沟通或者对沟通结果没有遵守的诚意，则沟通注定失败，将来的沟通也会留下“恶质化”的不良基础。

（2）沟通应事先做好准备。与员工沟通的基本目的是进行意见交流和增进相互了解，因此，领导者应在与员工沟通前做好收集资料、意见构思、表达技巧等的准备工作，才能在沟通过程中站在员工的角度思考问题，让沟通的内容更具合理性，也更有利于对员工的说服。

（3）沟通必须掌握倾听原则。既然是沟通，作为领导者的一方必须具有听取员工意见的度量，而不是简单地下命令让员工服从。

2. 引导能力

领导者应该引导员工积极为企业发展建言献策，员工的建言重要性和对组织创新的积极作用，已经被充分证明。那么，领导者应该从哪些方面引导员工呢?

（1）增强员工对领导者的信任。领导者应多关心员工、尊重员工和了解员工，具体有三个方面：①善于发现员工的优点，积极鼓励、引导员工发挥各自长处；②对员工提出的意见和建议积极回应，即使没有价值，也不能批评；③对待员工要公平、公正，与员工对话的语气要平和。

（2）建立检验激励制度。制定激励制度的过程就是一个宣传制度的过程，领导者必须向所有员工解释制度，并就制度中的有关激励条款向所有员工征求意见，保证每一名员工都能了解制度，并在适当的时候具体实施。

3. 激励能力

通用电气集团最年轻的 CEO 杰克·韦尔奇说过：“一名优秀的管理者，要始终把激励放在第一位。”

领导者激励能力的最大表现，是当众讲话对下属进行激励。当众讲话属于公共场合的沟通。如果一位领导者在大众场合讲话没有鼓动性，言语平平、淡而无味，甚至连基本的条理性都没有，那么这位领导者在员工心里的威望就会大打折扣，因为领导者对于员工而言就是能力的象征。

领导者当众讲话，能起到振奋士气、激励下属，达到统一思想、统一步调的作用，有利于形成一股强大的向心力，使员工以满腔的热情投入工作中去。

领导者当众讲话的魅力会影响员工的士气，在员工心目中，一个真正的领导者，应该是一个获得众人拥护的领导者。如果不能获得众人的认可，领导者就只是一个空壳，只有职务权力，没有能力权力。因为，领导者的才能只能在群体业绩中体现，领导者和员工有效沟通的目的是最大限度地发挥其潜力从而提高群体绩效。

要巧妙说服下属，需要几招“攻心法”

在实际工作中，每一个领导者都面对着一系列纷繁复杂的问题和盘根错节的人际关系。在社会组织中，领导者是否有能力从心理上说服下属，进而形成合力，完成工作任务，就变得非常重要。下面，总结出了几种说服下属的“攻心之法”。

1. 顺水推舟适度褒扬

每个人的内心都有自己渴望获得的“评价”，希望别人能了解到，并给予恰到好处的赞美。作为领导者，如果能发掘下属的这种“评价需求”，就会成为下属的“知心人”。作为领导者，必须具备适时地了解下属、给予下属鼓励和勉励的能力。

当下属由于非能力因素借口公务繁忙而拒绝接受某项工作任务时，领导者可以说：“当然，我知道你很忙，抽不开身，但这种事情非你去解决才行，我对其他人没有把握，思前想后，觉得你才是最佳人选。”这样一来，对方不仅不会拒绝，还会主动积极地去工作，对方内心原本的“不”就变成了“是”。

2. 将心比心，设身处地

许多时候，说服遇到困难，并不是因为没有把道理讲清楚，而是由于劝说者与被劝说者固执地据守本位，不肯替对方着想。双方换个位置，或许很多问题就能迎刃而解。

领导者在劝说下属时，尤其应注意这一点。比如某公司进行人事调动，某些具有畏难情绪的员工被从条件好的地区调往了条件差的地区，产生了不满的意见。这时，领导者要出面做工作，可以这样劝说不满的下属：“你在原岗位上干出了一番成绩，大家有目共睹。如果我是你，我也不愿意走。但是，大家都不服从调动，如果你是领导，将怎么开展工作呢？当然，就我个人来说，我愿意你留下来，但是新岗位更需要你这样的人才，这也是一次锻炼的机会，相信你会比在原岗位上干得更出色。到了新岗位上，你有什么困难可以来找我，我尽力帮你协调处理。”

由于领导者站在被劝说人的立场上考虑问题，同时又把被劝下属放在领导者的位子上陈说苦衷，抓住了被劝说人的关注点，使他心甘情愿地把天平砝码加到领导者这边。

3. 推心置腹，动之以情

领导者的说服工作，在很大程度上就是情感的征服。只有善于运用情感技巧，动之以情、以情感人，才能打动人心。

领导者在劝说下属时，应推心置腹，讲明利害关系，使对方感到领导的劝告并不抱有任何个人目的，没有丝毫不良企图，而是真心实意地帮助自己。

但在实际工作中，总有领导者抱怨自己就差掏心掏肺了，为什么下属还是听不进去？还是怀疑自己的真心呢？根本原因就在于，领导者的所言未能让下属感受到善意和关心，甚至可能从中嗅到了“利己”的味道。这种情况下，领导者就要反思一下，自己所讲的话真的是为下属着想吗？真的没有“利己”成分吗？如果没有，就是说服的口才出了问题，需要及时提高和改进；如果有，就要改变自己在说服中的定位，将个人利益抽离出来，真正做到为员工着想。

4. 先行自责，间接服人

作为一个领导者，欲将某一困难的工作任务交付同事或下属时，明知可能不为对方所接受，但此事又太重要实在非他莫属，那么这时要如何说服对方呢？

可以在进入主题之前先说一句：“现在我要向你交代清楚这件事，虽然你会感到不愉快，但我也必须要说！”下属听后不会拒绝，因为毕竟沟通的对象是领导。

当交给下属的工作出现了纰漏时，领导者可以在说服对方纠偏补缺之前，先行说明：“我应该对这件事情负主要责任，是我指挥失误，使得你在执行时出现了偏差……”

也许，不待领导说完，出错的下属就会主动承认是自己的失误，并全力纠正它。先行自责，就等于先给对方台阶下，对方当然不会拒绝，便达到了间接服人的目的。

与下属沟通时，要把握好个人情绪

某酒店服务员小何拾到房客遗失的一部苹果手机，想悄悄据为己有，被客房部经理发现了。经理要求小何上交手机，小何拒不上交，并说：

“手机是我捡的，不是偷的，更不是抢的，不上交也不犯法。”

经理没有继续追问，而是拐了个弯问：“小何，你知道什么叫不劳而获吗？”

“不知道，也没必要知道。”小何有些恼火地说。

经理没有生气，也没有用强制的口气让小何归还，而是耐心地继续劝说：“小何，国家法律规定，捡到东西不归还的，也同样是违法行为，是要负法律责任的。”

此时小何不再反驳，看得出来她有些动摇了。

经理继续说：“捡到别人的东西想据为己有的行为，和偷、抢得来的东西在不劳而获这一点上性质是一样的；再者，除了国家法律，我们还应具有一定的社会公德；而且，咱们酒店也有工作守则，拾到房客遗失的物品必须要归还，你可不能因小失大啊！”

经过经理耐心的劝导教育，小何认识到了错误，主动上交了手机。

面对侵占房客手机被揭穿的事实，小何的内心一定是害羞加害怕的。而且这么不光彩的事情，她也感觉很尴尬，很没有面子。此时，不承认反而成了小何认为的最好办法，这是心理学上所讲的“虚拟防护墙心理”。这种心理的典型特征就是，即便自己做的错事被发现了，索性就不承认，认为只要不承认，别人就没有办法。小何就产生了这种心理，于是态度强硬，拒不交出。但这种强硬是虚假的，只要语言攻势对症，她的内心“防护墙”很快就会被瓦解。

面对小何的“防护墙”，经理没有动用手中的权力去硬撞，虽然他的权力足以支持他撞开这道本不坚固的“防护墙”。但他没有这么做，他希望通过讲道理的方式，让小何真正认识到自己的行为是不对的，这对她今后的人生也是有助益的。

领导者与下属沟通时，最容易犯的错误之一就是控制不住情绪。因为领导者占据沟通双方的主导地位，不存在担心与下属沟通不畅的问题，更不会担心会惹下属生气，而这两种担心正是下属与上级沟通过程中最担心的。

作为领导者，不仅在与下属沟通时可以随心所欲，一些领导者甚至还会刻意发脾气，以彰显其领导者的地位。比如某公司老板被员工称为“冷面怪”，原因就是他从来不对员工微笑，和员工说话也总是带着训斥的口吻，仿佛员工在他的公司不是来工作的，而是每天找挨骂来的。该公司的员工流动率非常高，因为没有几个人能受得了天天被人训。对于这家公司的未来，我们不做评论，想来也好不了，因为不懂得尊重员工的老板，不会得到员工的真心，没有忠心的员工，何谈企业发展呢?

领导者要做的是团结员工，通过与员工真诚的沟通，发现企业经营中或部门运行过程中存在的问题和机会，并与员工同心协力消除问题和实践机会。

会说话的领导，能让批评“增值”

一位好友和我讲述他刚刚工作时的亲身经历。

“我的第一份工作是在一家食品包装企业做市场营销，在对某项新产品做市场调查时，因为之前做计划时犯了一个严重的错误，导致整个调查都必须重新再做一遍。更糟糕的是，发现这个错误的时间太晚了，调查几乎全部要做完了，却要推倒重来。第二天就是例行会议，我要在会议上提出这次调查的报告，而在此之前，我没有时间和老板商量。

第二天轮到我作报告时，内心非常不安，我尽最大努力使自己不至于崩溃，更不能哭泣。我的报告很简单，只有一句话：因为我的工作失误而出现了错误，我会重新做研究，会在下次会议之前提出报告。我坐下后，脸色惨白，认为老板一定会狠狠教训我一顿。然而事实并非如此，老板先感谢了我能及时发现错误，不至于发生更大的损失；然后强调在一个新计划中犯错误并不稀奇，他说对我仍然有信心，相信我的第二次调查会更加精确。只是，这次教训我必须要吸取，不能再犯同样的错误！”

按理说，我朋友犯下的错误其实挺严重的，影响到了公司的正常业务进展，但老板没有劈头盖脸地批评。

其实，员工在工作中犯了错误，内疚感和负罪感会随之而生，员工甚至希望被批评一顿，以减轻心理压力，但员工也更希望能有弥补过错的机会，用实际行动帮企业渡过难关。

没有人是永远正确的，也没有人会永远不犯错误。法国作家安娜·圣苏荷伊说：“我们每个人都没有权利去做任何伤害他人尊严的事，因为伤害别人的尊严是一种罪，上帝不会宽恕的。”

工作中最让人感到尊严尽失的事情，就是因为工作过失遭到严厉的批评和处罚。但并不是说员工有了错误也不能进行批评，该批评的还是要批评，只是要就事论事，不能上升到人身攻击，更不能侮辱员工的人格。

在日常工作中，有些员工的言行难免会有不妥或错误之处，领导者发现后应当及时批评纠正。但是，最好把员工叫到一个没有第三人在场的地方，以免挫伤对方自尊心而令他产生不必要的抵触情绪从而造成沟通的失败。

销售部主管发现下属小周有些懒散，但人挺精明，于是主管将小周叫进办公室，对他说："小周，你的工作成绩还是可以的，我很喜欢你。你知道自己有哪些优点吗？"

小周本来做好了挨批评甚至被辞退的准备，没想到上司竟然说自己有优点，他支支吾吾、抓耳挠腮也没说上来一条。

主管说："你至少有四大优点：第一，学习能力强，任何时间、任何一件事，你都能吸收到对自己有用的东西；第二，头脑灵活、反应很快，善于察言观色；第三，非常细心，能发现别人难以发现的细节；第四，性格开朗、乐观坚强。"

小周听完惊讶不已，他都没想到自己有这么多的优点。就在他沾沾自喜之时，主管话锋一转，说："但是，我也发现你有一个缺点，不够勤奋，每天打电话的数量与拜访客户的次数都比其他人少。我觉得你应该勤奋一些，不是为了公司，而是为了你自己，你完全可以更出色的。你觉得我说的对吗？"

小周的眼睛闪烁着光芒，点头承认自己确实不勤奋，当即表示今后要克服这个缺点，为自己，也为整个部门做出好的成绩。

主管与下属沟通的方式非常高明，他没有直接说出下属的不足，而是先说对方的优点，让对方从心底里喜欢听，在下属更容易接受时，再顺势说出下属的不足，而且优点的数量多于缺点。如此，让下属在心理上认为上司是真正关心和欣赏自己的，自己有那么多优点，就只有一个不足，改正了就会很优秀，自然就会从心里接受上司的建议，也很愿意改正。

赞美下属，领导应该这样来表达

对于领导者而言，利用企业内部的一些评选活动，如“周最佳配合奖”“月度最佳下属”之类的项目，对下属进行鼓励，可以有效提高下属的工作热情。

但是，赞美下属必须要有正确的方式方法，简单的一句赞美或者一点小恩小惠，是无法取得想要的结果的。下面，是赞美下属的三个模块与四种方式，供领导者参考。

三个模块：

（1）日常赞赏。比如，拍拍下属后背、手写一张便条、现场授予证书、赠送致谢礼物以及其他一些用来表扬和感激的方式。这是一种低成本、高接触的赞赏方式。

（2）卓越赞赏。当下属取得卓越成就时，领导者应给予正式的奖励，即企业奖赏重大成就的程式化方式。而重大成就包括完成销售任务、实施创新理念、提供例外服务等。

（3）职业赞赏。多数企业会制订一套正式方案，在一些重要日期褒奖员工，给员工一个最好的强调累积贡献的机会。

四种方式：

（1）寻求下属帮助。领导者从其下属那里寻求帮助，是让下属认识到自身能力和价值的最有效方式。因为请求使人变得脆弱，表示领导者同样存在弱点或者缺乏必需的技能。从下属处寻求帮助，不仅说明了尊重下属的专业技能，也表现出了领导者对于下属的绝对信任。

领导者寻求下属的帮助，可以是工作职责范围内的事情，也可以是工作职责范围之外的事情。如果是工作职责范围内的事情，会让下属感觉到来自上级对于自己能力的认可，能够充分提升其工作积极性。如果是工作职责范围之外的事情，则只是纯粹作为个人对个人的帮助，会让下属感觉来自上级对自己综合素质的肯定，对于提升下属的自信心非常有帮助。

（2）询问下属的观点。与寻求下属帮助类似，询问下属对于某些事情的观点，同样可以表现出领导者对于下属的信任感。而且，询问下属观点的触发事件，可以是与具体工作相关联的事情，也可以是与本职工作无关联的事情。

此时，涉及一个关键的问题，就是询问下属的事情不能是那些只能由领导者才有权决定或者有办法处理的事情。比如，领导者不要询问下属“对于提高工作效率，你有什么想法？”之类的问题。正确的做法应该是，通过其他途径利用下属的技能或见解，解决一些无须由领导者亲自解决的问题。比如可以问下属：“这个零件加工，有没有机会再提高一两秒的时间呢？”对于这类具体的事情，下属可能根据自己的能力进行解答，也可能通过自己的能力进行实验改进。但无论最终取得怎样的结果，下属都不会有压力，因为自己只是做了一件具体的工作，并没有对“如何提高工作效率”建言献策。

某领导者向一名人力资源部的下属咨询：“你对于招聘新下属所涉及的文书工作的简化调整有怎样的想法？”某领导者向一名技术部负责数据处理的下属咨询：“你对于其他部门数据收集处理工作的合理有效性有什么建议？”

此种咨询方式，有助于领导者获取到出色的创意，挖掘出更有效的工作方式，也能激励下属的潜能。

（3）授予下属非正式领导权。作为领导者，敢于授予下属临时团队的非正式领导权，会给自己的领导工作带来很大的好处。想象一下，如果老板对你说：“现在的客户方面出现了一些问题，如果不能尽快解决掉，必然会导致客户流失。你能不能找几个人，帮我进行处理？”试想接收到老板这样信任信号的下属，将会激发起多么大的工作动力呀！

因此，领导者授予下属非正式领导权意味着对下属综合能力的信任。更重要的任务、更高的隐含赞誉，会极大地提高下属的自尊心和自信心。

（4）上级与下属合作开展工作。领导者与下属天然就是不平等的。因此，发掘下属价值的有效方法，是双方共同合作一起完成某项任务。试想，如果上级领导对你说：“为了提高自己语言表达方面的能力，我想参加演讲会培训。你愿意和我一起参加吗？这对我们都有好处……”上级的请求一定会让你感觉心里美滋滋的，能陪上级一同成长，本身就有一种受宠若惊的感觉。

当然，领导者所选择的共同合作的事情，并不一定是工作之外的，关键在于所做的事情必须是平等参与的，不存在上级与下属的差别。

领导口才艺术金句——值得一读的干货

“这件事由谁来负责？”销售部经理愤怒地问。

公司刚刚失去了一个大客户，公司总部向下追责，执行总裁甚至发话：“要是找出责任人，一定从重处罚。”

负责人急切地想要找出使公司损失大客户的“罪魁祸首”，导致下属们在接下来的一周多时间内，都在忙于推卸责任，而没有想出如何联系其他客户来替代这位大客户。

假如公司负责人能把这次失败看作一种学习经验，借此指出公司需要改进的地方，并敦促员工从失败中吸取教训，那么就有机会尽早挽回损失。

某公司的一个客户因为向法院申请了破产，所有货物都被抵押给了银行。该公司希望从这家待破产公司要回价值 14.5 万元的货物，但奈何已经抵押给了银行而未能成行。在公司开会时，负责人没有指责当时拍板给待破产这家公司供货的销售经理，而是说：“好吧，想要要回货物这件事看来是办不到了。那么，这件事到此为止，现在就去做能让公司赚钱的事情吧！”接下来的三个月时间里，该公司的销售部门付出了很大努力，为公司创造了一年来最高的营业额。

可见，这位公司负责人的做法就很值得点赞，他没有责备下属“办事不力”，其实下属也并非真的“办事不力”，因为当初给待破产公司供货时，那家公司的经营状况还是蛮不错的。因此，与其关注公司损失了多少钱，还不如专注于建立信心和构筑更好的未来。

通过上述两个案例的对比可以看出，作为领导者，要用更开放的方式与员工沟通，用积极的态度同员工对话，这样才有利于提高员工的执行力和对企业的忠诚度。下面，是一些有效开展工作和解决问题的金句，作为领导者，需要经常同员工讲。

第 1 句：“你提出的问题很好，我们想想怎么解决！”

鼓励员工多向上级领导反映工作中遇到的问题，同时激励员工主动解决问题。领导者一般都期望下属是问题的终结者，而不是只顾提问题不思考解决方案。

第 2 句：“你以后要多提醒我。”

鼓励员工在领导者忘记一些重要活动、重要工作和重要会议时，给予及时的提醒，使自己不会耽误工作。面对员工的善意提醒，领导者一方面表达感谢，另一方面要给予员工更多的信任。

第 3 句：“对不起，是我弄错了”或者“不好意思，错误在我”。

优秀的领导者都敢于主动承认工作中的失误，更能让员工信服，有利于打造良好的工作氛围。这样的表率作用，可以引导员工在工作出现问题时能从自身找原因，主动承担责任，而不是相互扯皮推诿，让解决问题变得困难重重。

第 4 句：“真棒，你是怎么做到的？”

领导者经常对员工卓越的工作业绩给予具体的、到位的赞赏，员工不仅会受到鼓舞，还会心存感激。赞许员工，继续追问工作细节，会提高员工的自信心，敦促员工做得更好。

第 5 句：“谢谢你！”

作为一名合格的领导者，对下属在工作中的每一次进步和付出、每一种积极进取的工作态度，都要实时给予感谢。简单的“谢谢你”三个字，能让员工感受到领导者对自己的认可，对领导者充满亲近感，自己也会加倍努力工作。

除了上述五句领导者要经常说的金句外，根据具体工作的不同，还有很多与领导关系相关的金句，大家可以自行总结。

第七章　人脉口才变现：凭借口才扩大人脉圈，获得更多的资源

无论从事任何一个职业，经营好人际关系都将产生巨大的推动作用。经营人际关系的核心就是提升口才的变现能力，那些情商高、口才好的人，能便捷地扩大人脉圈，获得更多资源，高效地处理各种状况。虽然说话能力是天生的，但口才的变现能力不是天生的，更多是在为人处世的过程中慢慢积累起来的，因此我们可以通过后天努力习得这种能力。

人脉口才，是可以随身携带并变现的财富

随着社会交往和人际沟通对一个人的影响越来越强，人们也越来越重视口才的变现能力。口才的通俗解释是口语表达能力，即善于用准确、贴切的词汇表达出自己思想情况和所思所想的一种能力。而口才的变现能力则是借助口才能力实现更大收益的综合能力。

毫无疑问，那些能够进行成功社交的人，离不开好的口才加持。但是，口才变现能力不等于说话能力，说话谁都会，但上升到口才级别，能

达到及格线的人就不多了。

一些人不知道客人们聚在一起谈些什么内容更好，也很少有人主动替客人们互相介绍，使大家在增进了解的同时，可以谈些共同感兴趣的事情。或许也没有想到，在必要的时候，自己应该带头谈起一个所有客人都会感兴趣的话题。

一些人在拜访他人时，特别注重穿着和礼物，但对于见面之后应该讲些什么，却模糊不清。许多人不但没有随时和别人谈话的心理准备，还有些害怕谈话，甚至觉得谈话是一件很令人讨厌和麻烦的事情。

一些人害怕遇到陌生人，尤其是见了比自己地位高的人，会害怕、害羞甚至自卑。如果是不得不参加的场合，自己坐在那里，除了举目四望外，绝不会主动说话，即便别人率先问及自己，也是支支吾吾地应付一下。

上述几种情况是比较典型的。除此之外，现实中还存在太多因为口才能力欠佳而无法融入群体或者丧失良好机会的情况。人们之所以会表现出这样的状态，根本原因在于口才能力的欠缺。那么口才能力的欠缺又是如何形成的呢？总结一下，大概有五种原因：①从小缺乏集体生活，对人太不了解；②从小缺乏同陌生人交流的能力，没有相应的口才锻炼；③有过多次失败的谈话经历，造成了心理阴影，为了避免再次失败，索性就少说话；④误解了“多做事，少说话”的真意，把不说话当作一种美德；⑤受到了“祸从口出”的影响，觉得不说话是一种保护自己的安全之道。

无论是哪种情况导致的，口才变现能力欠佳都是不争的事实。我们不去追究究竟是什么原因导致的口才欠佳，因为已经没有意义，而是要想办法锻炼自己的口才，提升与人交际的能力，这才是当务之急。因此，口才是人生成功的利器，只有不断对其加以磨砺，才能凿开我们的人脉之冰，劈开我们的成功之路。我们相信，只要怀着坚定的信心和决心，勇于尝试，卓越的口才必将属于你，并将成为你生命中重要的财富。

锻炼口才的变现能力可以从日常聊天开始。聊天是没有明确目的的即兴式交谈，因此，它不存在交际方面的限制，但却有助于提升交际方面的能力。聪明的人会利用很平常的聊天机会扩大接触面，获取新信息，认识新朋友，拉近旧关系，增进旧友谊。此外，聊天还可以调节心理，愉悦情怀，安慰他人，鼓励朋友，解决矛盾，加深了解。由此可见，聊天是一种非常常见，但却又非常实用的交际方式。

对于如何利用聊天聊出名堂，从而达到广泛交际、增强人脉的目的，善于言谈的人都会设定正确的目标，并有其独到的方式。

有了正确的目标和端正的态度，再加上切实管用的个人小技巧，取得社交和人际沟通的成功就是水到渠成的事。当然，社交和人际沟通的方法多种多样，聊天只是其中最基础的一种，此外还包括家庭聚会、企业聚会、商务洽谈等。但无论是哪种社交场合，增强人脉的核心都是口才能力，因为只有把话说好了，才能给他人留下美好的第一印象，也才有机会同他人将人脉关系维持下去。

社交和人际沟通中处处都有口才发挥的空间，好口才能使社交和人际沟通得心应手，让一个人充分展现出自己的魅力，从而获得更多的人脉资源和人生成就。

立足社会，必须提升口才能力，扩大人脉圈

凡是善于谈话，并能够利用精妙的言辞引起他人的注意，使他人乐于亲近自己的人，在社交中都将会受益无穷。

对于一些人而言，人际交往给他们带来的是烦恼和恐惧，这样的人的人脉关系会越来越窄，甚至从来就没有宽过。但是，还有一些人，人际交往带给他们的是友情，他们从交往中既愉悦了身心，又扩大了人脉圈，更因此让自己走上了容易成功的道路。为什么前者的人际交往一无所获，后者的人际交往却能“一键三连”呢？核心的关键就在于口才的好坏。因此，只有不断提升自己的口才能力，通过不断的高质量的交流，才能拥有好的人际关系，才能不断扩大自己的交往圈子。

那么，如何增强自己的社交口才能力呢？需要进行一些实用的社交口才训练。下面是总结出的一些方法。

（1）自身勇气胆量的训练。对人际交往心怀恐惧且畏手畏脚的人，难以进行有效的交际。要改善这种情况，首要的就在于训练自身的勇气和胆量。而要训练勇气和胆量，就要先正视自己的恐惧心理，承认自己的恐惧心理，然后根据自己的核心恐惧点采取针对性的训练。比如，有的人恐惧与陌生人交往，就要鼓励自己主动去结交新朋友，一开始肯定不顺利，但只要持续下去，就会逐渐克服“陌生人恐惧症”；再如，有的人恐惧与比

自己地位高的人交往，就要迈出这一步，积极地在社交场合与“大人物”主动攀谈，慢慢就会适应，进而消除恐惧。

（2）经常沟通交流。人际交往中的口才变现能力可以在与他人的每次沟通交流中获得提升，且会随着量变的积累促成质变。所以，我们必须珍惜每次与人交际的机会，多多参与沟通交流，以利于我们增长阅历、提高心理素质和提升为人处世的能力。当一个人的综合能力全面提高后，口才能力自然会提高，自己也更愿意与他人交往。

（3）语音技巧训练。通过有规范的语音训练，锻炼自己的声音、语调、语速、吐字与气息。此外，还要学会标准的普通话，有条件的可以参加专业的学习，条件不够的可以采用一些传统办法，如多听优秀主持人的发音或者多看词典学习发音。此外，在学习的基础上还要多加练习，多阅读与做速读训练纠正自己的语音。将自己每次阅读的声音录下来，多听几遍，比较后找出差距，然后进行针对性的练习。

（4）礼貌用语训练。很多人会有疑问，礼貌用语还用训练，不就是“谢谢”“没关系”“对不起”这些词吗？但是，几乎所有人都知道的这些礼貌用语，在现实中又有多少人会经常运用呢？人与人之间交往应是平等的、有礼貌的，因此，言行举止都要讲文明、懂礼貌，多用“请”“谢谢”“抱歉”“对不起”“请原谅”“没关系”等礼貌用语，让交流的对方能感受到被尊重。

在人际交往中，敢于表达自我的人有更大概率受到欢迎，而能够得体表达的人则毫无疑问会更受欢迎。因此，在与他人沟通交流时，应表现得落落大方，真诚友善，不欺骗，不隐瞒，不嘲笑，不揭短。最后，希望每个人都能很好地提升自己的社交口才能力，与他人愉快地沟通交流，实现个人价值的最大化变现。

结交人脉，口才表达能力一定少不了

有的人讲话闪耀着真知灼见，给人以深邃、精辟、睿智、风趣之感，他们理所当然会成为社交场上的佼佼者。

有的人话说得不多，却能说得很好，这便可称其为说话的艺术。讲究说话艺术的人，不但能给他人留下良好的印象，还能多认识和多结交朋友。

当今社会中，人们相互之间的沟通特别频繁，口才好的人更有机会从大多数人中脱颖而出，赢得更好的生活。

在泰国，一个名叫西特努赛的人在皇宫做官。他足智多谋、口齿伶俐，因此赢得了皇帝的信任，但也因此招人妒忌。

一天上朝之前，一个官员向西特努赛挑衅说："都说你有洞察人心的本事，那你现在就猜猜看，我心里在想什么？"

西特努赛笑着对在场的所有官员说："我可以洞察你们每个人的内心，你们心里想什么，我全都知道。不信咱们打赌！"

官员们当然不相信有人会有这种本事，对西特努赛的不满更大了，他们想让西特努赛在皇帝面前出丑，便一致同意每人以一百两银子为赌注，与他打赌，如果西特努赛输了，就要永远离开皇宫。皇帝也想验证一下西特努赛到底有没有这个本事，便认可了这次打赌。

打赌正式开始了，官员们催西特努赛赶紧说出每个人的想法。西特努赛扫视一圈众人，然后不紧不慢地说道：“在座的诸位大人心里想的是什么，我十分清楚。诸位想的是：我的思想十分坚定，我的整个一生都要忠于皇上，永远不会背叛、谋反。诸位大人是不是这样想的？哪位不是，请立即站出来！”

官员们听到这里，面面相觑、张口结舌，没有哪个敢站出来，都只好认输。皇帝听完哈哈大笑，虽然他未能验证出西特努赛到底有没有阅读人心的本事，但却收获了一堆“忠臣”。

这个故事告诉我们，口才是一个人智慧的反映，它影响着我们人生的每一个关键时刻，如事业走向、人际关系、生活质量等。

口才表达是一种随身携带、永远丢不了的能力；口才表达也是只属于自己、谁也抢不走的能力；口才表达还是可以不断精进、永远进步的能力。

口才变现能力，很多时候就是创造话题与话题之间的碰撞。有的人在与家人、朋友及熟人聊天时，虽不至于滔滔不绝，但也绝不会一言不发，感觉有很多可聊的。但是，在面对陌生人的时候，就真的一语皆无了，因为感觉真没什么可聊的。为什么和熟人与陌生人之间的交际差异会这么大呢？原因在哪里呢？其实，差异就在于有无可聊的话题，找得到话题，就可以聊下去，找不到话题，自然就聊不下去。因此，口才变现能力强的人不只在具有话题时能侃侃而谈，还能在没有话题时主动制造可以聊下去的话题。以下是口才达人制造话题的一些小技巧。

（1）扬长避短。在与他人交谈时，要关注对方的特点，避开对方的禁忌。比如，对方说自己喜欢狗，就可以围绕狗或宠物类的话题聊下去；如果对方明确表示自己害怕某种东西，那么在聊天时就必须回避关于这种东西的任何话题，即便这种东西可能恰巧是当下的热点话题。

（2）隐私回避。在与他人交谈时，需要找到“安全值”最大的话题，引起大家的兴趣。比如，大家都在讲笑话，就可以加入进去一起讲，但是一定不能涉及在场人及与在场人相关的周围人的笑话。

（3）劣势为先。在与他人交谈时，处于劣势的人有义务找话题，因为找到既让大家感兴趣而自己又在行的话题，对自己是有利的。这里的劣势，是指在交谈时自己对于正在谈论的话题不在行，不了解，导致无法融入而形成的被排斥感。比如，大家都在谈论世界杯，但不是球迷的人就插不上话，需要主动寻找其他大家都能接受且自己又在行的话题来替代现有话题，以让自己重新融入进去。

（4）对方优先。若在求人办事时，必须讲能让对方开心的话题。比如，找朋友借钱，就不能总说自己有多苦，有多不容易，而是要先说一些客套话让朋友开心，这样借到钱的概率才会大一些。

找话题其实并不是一件困难的事情，因为在生活、工作中，看见的、听见的、经历过的、畅想过的……只要不是让他人反感的，都可以拿来当话题。

世界上再也没有什么比令人心悦诚服的口才更能迅速地让人获得成功与别人的钦佩了，并且这种能力通常都可以培养出来。

有好口才，能使人际沟通得心应手

现代社会里，随处可见的交流谈话、商品买卖、商贸谈判、政治交往等各种形式的语言行为，虽然表现形式不同，但都是口才变现能力的体现。

不同的个体有不同的观点，不同的组织有不同的理念，不同的企业有不同的文化，所有的“不同”都是隔阂和矛盾的发源地，要想调和这些“不同”，必须时刻携带“口才变现”的武器。聪明者不用权势压人，不用理念欺人，更不用文化唬人，他们只用语言服人，将隔阂与矛盾摆到台面上，晓之以理动之以情说服对方。正如法国思想家、哲学家让·雅克·卢梭所说：“征服一个人或者征服一群人，用的往往不是刀剑，而是舌尖和牙齿。”

某公司因为生产任务加重，要求员工加班工作。起初，员工认为只是加几天班就可以了，但一连加了两个星期都没有停下来的意思，这让员工逐渐有了怨言。

员工老孙已经在公司工作了 12 年，是老资格了，对长时间加班感到气愤，他对其他员工说：“我得找老板谈谈，我们虽然是工人，但也是人，这样没完没了地加班，给加班费也不行啊！”

其他员工听了也都附和，有的说：“对，我们不能再加班了，这样太累了，我们也不想多挣那几个钱！”

有的说：“关键是，也不知道能给多少加班费，这样加班必须得按照国家劳动法规定给付我们。”

有的说：“不仅加班费，其他的补助也得给，现在天气这么热，谁贪图那点加班费。”

有的说：“年终也得多给，咱们加班多给老板创造了多少利润呀！”

……

老孙听了大家的话，说：“我这就去找老板，非得讨个明确的说法不可。”

说完，他气冲冲地来到办公楼，对新来不久的秘书说：“我是孙 ××，老员工了，夏总知道我，我找他有事情。”

秘书笑着说：“是孙师傅啊，我听说过您，咱们公司的骨干，夏总经常提起您，说您给公司做了很大贡献，就是他的兄弟。”

“是吗？夏总这么说啊！”老孙有点惊讶地问。

“是啊！夏总经常提起您，我刚来没多久，对您早已如雷贯耳了。夏总要是听说您有事找他，一定会立即出来。但很不巧，有个客户正在和夏总谈事情，麻烦您等一下，行吗？”秘书客气地问。

“哦！好吧！我等等吧！”老孙有些不太情愿，但又有些不太好意思地说。

秘书把老孙带进会客室，又笑着问道：“孙师傅，您喝茶吧？我给您沏茶。”

“我什么都不喝，你不用忙了。”

“夏总特别交代过，说孙师傅喜欢喝茶，必须沏上好的铁观音。”秘书一边说着，一边沏茶。

老孙喝着茶，心里的怒气已经消了一多半，问秘书：“夏总什么时间能和客户谈完？”

秘书说：“应该快了，客户来了一会儿了，我已经留言告诉夏总您来找他了，您再等等吧？”

老孙点点头。

秘书又说：“孙师傅，您今天不来，明天夏总也要去车间看您。他跟我说，孙师傅是公司元老，与公司风风雨雨十几年，很不容易。您为了公司付出了真心和汗水，夏总非常感激您。最近公司订单多，经常加班，夏总担心您的身体状况。”

老孙听完，心里很感动，来时的怨气已经完全消散，他有些脸红地说：“加点班没什么，还烦劳夏总惦记。”

正说着，夏总走进了会客室，跟老孙握手说：“孙师傅，听说您有急事找我？我那边有点事，来晚了。来，您有什么事坐下说，只要要求合理，我马上解决。”

“没……没什么，就是大伙委托我来看看您……”老孙结结巴巴地说，他的心里此时只有感动，哪里还想要讨说法呢！

夏总当然知道老孙来找自己的目的，当即就和老孙去了车间，先向工人道歉，又向工人说明连续加班的原因，最后请工人体谅，齐心协力度过这段期间，并保证一定会给大家公平合理的待遇。工人听了，心里的气顺过来了，也就不再抱怨了。

在上述案例中，老孙、夏总、秘书就是一个微型的关系网，其中秘书起到的是缓解、沟通的作用。本来老孙是怒气冲冲要去找夏总讨说法的，但在秘书轻言柔语的沟通中，逐渐消了怒气，等到夏总出现时，刚开始时由老孙制造的剑拔弩张的气氛已转变成了和谐理解的气氛。

通过上述案例我们可以将由这三个人组成的小关系网扩大为整个公司的大关系网，试想如果开始时不能平息老孙的怒气，那么就不能平息其他员工的怒气，这样就很可能会给公司未来的生产带来麻烦。这位秘书全程表现得非常好，运用自己的口才能力，三言两语就消除了老孙的怒气，捋顺了他们三个人尤其是老孙和夏总的关系。然后公司老板又从大的方面捋顺了企业和员工之间的关系，化解了一场可能的关系危机。由此可见，只有具备强大的可以变现的口才能力，才能更好地厘清人与人之间的关系，让人际沟通变得更得心应手。

人际交往，尊重是沟通的前提

我们每天都要听别人说话，但是你有没有发现，和有的人聊天很开心，和有的人聊天就很不舒服。为什么会这样呢？一个重要的原因就是尊重，即人际交往中是否对他人保持尊重。

一个不懂得尊重他人的人，同样不会受到他人的尊重。“晏子使楚”的故事人尽皆知，讲述的就是因为不尊重他人而自取其辱的事情。

齐国丞相晏子出使楚国，因为晏子身材矮小，相貌丑陋，楚王自恃楚国强大，就想羞辱他。于是楚王下令关上城门，只打开城门边的狗洞“迎接”晏子。晏子见状机智地说：“出使狗国才从狗门进出，现在让我从狗门进，难道我现在到了狗国了吗？”

楚王闻报，无地自容，只好命令打开中门，迎接晏子进城。楚王见到晏子后，心中还在为“狗门一事”不悦，想再找机会羞辱晏子，他说：“齐国难道没有人才了吗？怎么派你这样身材矮小又无德行的人做使臣呢？”

晏子说：“我们齐国的人才遍地，一起举起袖子，可以遮蔽天上的太阳。但我国有个规定，不同档次的人出使不同档次的国家。贤德的人才出使有德的国家，朝见贤德的国君；像我这样不贤德的人只能出使没有德的国家，去朝见不贤德的君主。”

楚王听完，面红耳赤，无言以答。楚国国君不知道尊重他国使臣，向晏子发起了言语挑衅，想拿晏子的缺点侮辱他，结果却反遭侮辱。

尊重别人就是尊重自己，尊重他人的人走到哪里都会受欢迎，而惯于出言不逊的人，则不会得到别人的认可。那么，我们在发挥自己的口才威力时，要如何做到尊重他人呢？我们将此总结为“三有四避”。

1. 何为“三有”

（1）有分寸。把握交谈的分寸是保持尊重的基本要求，也是做人的基础素养。要做到语言有分寸，需在背景知识方面知己知彼，明确交际目的，选择正确的交际方式，用言语行动将尊重感表现出来。

（2）有教养。尊重和谅解别人是有教养的重要表现。尊重别人符合道德和法规的私生活，如衣着、摆设、爱好等，在别人的确有了缺点时委婉且善意地指出。谅解别人是在别人不讲礼貌时，视情况加以规劝。

（3）有学识。在文明社会里，人们都很注重知识，尊重有学识的人，而无知无识、不学无术的粗浅之人则会感受到来自社会的巨大压力。

2. 何为“四避”

（1）避隐私。隐私是不可公开或不必公开的关乎个人的私密问题，有些是秘密，有些是缺陷。现代文明社会对个人隐私是保护的，因此，在交谈过程中一定要注意避谈、避问他人的隐私，这是对他人最基本的尊重。

（2）避浅薄。浅薄就是不懂装懂，外行充内行，造成言不及义、言辞单调、语句不通等尴尬状况。术业有专攻，没有人是“百事通”，因此，在对待自己不明白的领域时，要谦虚谨慎，主动求教，不可妄发议论。

（3）避粗鄙。粗鄙的言行是非常令人厌恶的，通常指言语粗野、满口粗话，甚至满口污秽。而粗鄙是最无礼貌的，遇到这类人，不要与之计较甚至招惹，要避而远之。

（4）避忌讳。社会通用的避讳语也是一种尊重他人的表现，如对令人恐惧或让人反感的事物的回避（“死”的避讳语是“故去”“辞世”“驾鹤西游”），如对道德、习俗不可公开的事物的避讳（将“茅房”避讳说成是“洗手间”“卫生间”），如对谈话对象的生理缺陷的避讳等。

尊重他人，说出来简单，做起来并非易事，因为需要在头脑中形成尊重他人的意识，并时刻谨记进而形成习惯。这就要求我们平时需要多加学习，提高修养，让“礼”成为人际交往的开路先锋，一路顺利而行。“敬人者，人恒敬之”。尊重是一个人应有的基本修养，在与他人建立人际关系时，能够尊重他人的人，同样也会受到他人的尊重。

人际沟通，先确立交流的主题

人际沟通不是简单地面对面说话，那样只能称为聊家常。沟通是相对正式的交流方式，参与沟通的各方需要围绕一个主题进行相互间的观点碰撞与融合，最终形成一个各方都比较认可的共识性结论。因此，人际沟通需要先确立交流的主题，然后围绕主题拆分交流话题。

对于如何确定交流主题，我们给出的参考方法是运用金字塔沟通法。主题处于塔尖的地方，是整个金字塔的核心，底下的所有表达都围绕问题进行。

下面看一个简单的案例。

我们将会议放在明天 14 点召开，因为这样各位总经理都能参加，而且本周也只有明天下午会议室没有被预定。

如果你是负责这件事的具体人员，那么你该怎样将这件事情交代清楚，让所有人都清楚原因而不产生误解呢?

很多人对金字塔沟通法容易产生误解，认为该方法就是强调结果的，结果说清楚了，就一切 OK 了。其实，金字塔沟通法的表达主旨是过程，结果只是给对方一个预定要表达的结论，让对方注意有这样一件事。先说结果是为了更好地表述原因；而原因罗列清楚了，导致结果出现的症结也就找到了。

如果你是某公司老板，正在办公室工作，忽然你的下属冲进来对你说："老板，我最近在留意原材料的价格，发现很多胶料都涨价了。还有，刚才物流公司也打电话来说要提价，我又比较了几家的价格，但还是没有办法说服对方不涨价。还有，咱们的主要竞争品牌'春风'最近也涨价了；我还看到……对了，广告费最近花销也在增多，如果……可能……老板，咱们得想想应对措施啊！"

如此的表达，会让听者感觉非常混乱，只能从讲述者的话中得知好多东西都涨价了，但具体为什么涨？在哪些方面涨？涨的幅度是多少？都不得而知。如果讲述者能根据金字塔沟通法换一种方式讲述，情况就会好很多。例如：

"老板，我想提个建议，我认为我们的产品应该涨价 15% ~ 20%，要超过竞争品牌，尤其是主要竞争对手——'春风'：因为第一，原材料最近都涨价了，涨幅达到了 30% 左右；第二，物流成本也上涨了不少，而且还有继续上涨的趋势；第三，竞争品牌全部都调价 10% ~ 20%，我们应该跟进；第四，广告费已经超标，我们还应该拉出空间，可以做……老板，您觉得这个建议是否可行？"

如果这样和老板说明问题，就非常清晰了。首先是主题明确——产品应该涨价，且提出了合适的涨幅；其次是原因罗列清楚——从各种成本和竞争品牌进行全面分析；最后是征求意见，让老板最终拍板。

同样的事情，不同的表述，不仅清晰度截然不同，取得的结果也自然不同。由此，要永远记住一个规律，即要想让对方赞同你的观点，就一定要让对方听明白你讲的是什么，这是关键也是前提。

因人制宜，对不同的人说不同的话

中国有句古话："见人说人话，见鬼说鬼话。"一般是用来批评别人油滑、投机、不诚恳的。其实，如果不加节制地实践这句话，这句话确实是不好的；但是，如果能有节制、有方式、有方法地去运用这句话，那么这句话就会变成有智慧的一句话，对于我们的人际交往能力将有非常大的好处。

这句话用另一句比较文雅的话替代就是，对不同的人，说不同的话，因此这其实是一种高情商的表现。

著名作家老舍先生曾说过："话是表现感情和传达思想的，所以大学教授的话与洋车夫的话肯定不一样。"

即使是同样的话，对不同的人讲，有的人能够理解接受，有的人则会产生反感、讨厌的心理。因此，对待不同的人，需要说不同的话，目的是为了照顾他人的感受。这不是虚伪，而是个人情商高、应变力强的表现。这类人懂得照顾他人的情绪，能在不同的环境和人际关系中找到合适的沟通方式。

因此，在面对不同类型的人时，需要用不同的态度和语言去对待他们，组织好自己的语言才能让社交有针对性，达到应有的效果。在这里，我们不能将每一种人都列举出来，然后教大家如何说话，但可以将人进行大致归纳，告诉大家对待每一类人应该如何交流沟通。

1. 跟精明的人谨慎说话

与精明的人打交道，需要注意自己的言行举止，明白说者无意，听者有心。有时候，或许只是为了拉近彼此之间的距离，说了一些对方可能想听的关于自己的隐私的话，或者透露出了自己的某些想法。但面对这类人，我们的这种"真情吐露"可能会成为他口中的把柄，日后给我们的生活带来麻烦。

在职场上，必须将同事和朋友区别对待，同事就是同事，可以在一起工作，但绝不能像朋友一样去表达自己的真实想法。尤其是对于一些捉摸不透的同事，他们可能会有意留意别人说的话，那些无防备心者随口一提的话都可能被他们拿来作为日后拉踩别人的武器。所以，在和那些精明、聪明的人交际时，一定要谨言慎行，明白祸从口出的道理。

2. 跟大智慧的人说真心话

小聪明和大智慧不一样，很多人都只是小聪明，因为目光不够长远，经常聪明反被聪明误。

而拥有大智慧的人，经历的更多，见过的也更多，所以，不会被一些表面的东西羁绊住。拥有大智慧的人有一个非常明显的特点，就是从来不吝啬和别人分享，他们不会觉得自己教了别人一样东西，就会被别人超越。相反，他们认为共同进步才是最佳的相处方式。

因此，和具有大智慧的人交际，没必要遮遮掩掩，只需要坦诚地和对方进行交流即可。自己内心真实的想法以及一些困惑尽管大胆地说出来，放心，大智慧的人绝对不会因此就嘲笑你，反而会有很强的共情能力，给出一些真诚有效的建议。因此，和有智慧的人在一起，有种如沐春风的感觉，可以学到很多东西。

3. 跟普通人多说鼓励的话

遇到那些和自己一样普通又平凡的人，不能五十步笑百步，不要自我感觉良好，而是要学会抱团取暖，明白自己既然淋过雨，也要想着给别人打把伞。

多鼓励身边的人，主动发掘他人身上的长处，放大他人身上的闪光点，让他人多一点自信。在鼓励他人的同时，自己也能从他人身上获得勇气，等于是变相鼓励了自己。

这个世界上的大多数人，都是没有什么特殊能力的普通人，但正是这些普通人，凭借自己的努力让自己和家人过上了越来越幸福的生活，让自己的国家一天天变得强大。所以，我们没有理由不自信，没有理由不充满热情地生活下去。

4. 跟“三观”不合的人不说话

在很多时候，我们都要学会闭紧嘴巴，绝对不在别人背后去评价和议论别人。跟“三观”不合的人，就要尽量减少彼此之间的交流机会，如果发生了争执，能不辨别的就不要去辨别，因为“道不同，不相为谋”。

还有一些人，“三观”不正，喜欢颠倒黑白，对这样的人，更要敬而远之，尽量不发生交流的机会。因为跟这类人是很难沟通的，可能说了一大通，最后发现自己的努力没什么用，是在对牛弹琴。

懂得倾听，才能有针对性地沟通

沟通不是独角戏，而是相互谈，大家谈，绝不能一个人抢光了大家的风头。因此，在沟通中多听少说，认真听别人表达了什么是很重要的。在听懂别人意思的基础上，再进行有针对性地沟通。

很多人会认为，沟通关系中，说才是最关键的。其实，听和说同样重要。因为在沟通过程中，不能所有人都在说，而是有的在说，有的在听。说的能否说好，听的能否听好，都决定着沟通的效果。

说是阐述，是内心观点向外界的释放；听是收集，是综合他人思想的渠道。听的质量影响我们过滤和筛选信息的效果，因此，要集中精力听别人说什么，不要被任何外界因素扰乱心神。

著名人际关系学大师戴尔·卡耐基说：“如果希望自己成为善于言谈的人，首先就要学会做善于倾听的人。”

倾听的目的是了解对方，然后做出自己的正确判断，再寻找合适的机会发表自己的看法。在倾听他人讲话时，你也会通过听到的信息，不断调整自己的分析系统，修正自己的理解，以便达到与对方的思维同步。倾听对于沟通来说有百利而无一害，会让你成为“信息富翁”，你提炼信息的过程也许就是你成功的阶梯。倘若你不重视沟通中的倾听，那么在与人交流时，就容易形成各说各话的情形，导致最终因为话不投机而终结交流。

在平常的交流中，我们大都习惯了滔滔不绝，因此能够耐心做沟通中的听众是件难能可贵的事情。沟通中的一说一听，是意见的相互交换。如果不能认真倾听对方的意见，就不可能了解对方的想法，更不可能走进对方的内心世界。当你倾听对方的话语时，对方也能接收到你诚挚的信息，会立即运用自己的知识、经验，对你的话进行识别、归类和解码，最终做出或反对或支持的态度反应。

如果你想成为一名具有高超的口才变现能力的人，那么就要做一个自始至终满怀诚意、会倾听的人。请记住，跟你谈话的人对他自己、他的需求和他的问题，比他对你和你的需求及问题更感兴趣。就像卡耐基告诉我们的另一句话："要令人觉得有趣，就要对别人感兴趣，问别人喜欢回答的问题，鼓励他谈自己和他的成就。"

讨论了倾听的重要性，还要讨论如何倾听才能得到他人的共鸣。这也是非常关键的，不然只知道倾听重要而不知道如何倾听，就如同纸上谈兵，无法应用到实践中，那我们的讨论也就毫无意义了。

如同沟通中的说需要把握尺度一样，听也是有方法的，没有方法的乱听，只能给你的人际交往带来负面作用。成功的倾听并不简单，而是一门高深的学问，因此只有掌握了有效的倾听技术，才能真正发挥口才变现的能力。下面是总结出的一些有效倾听的方法。

（1）主动积极倾听。面向对方，保持目光的亲密接触，保持在最合适的距离上，并以标准的手势进行辅助。要对对方所谈的话题表示出极大的兴趣，遇到不明白的地方，可以及时问清楚。

（2）注意力高度集中。倾听的最大敌人是走神，这是很多人在沟通时都会犯的错误。在对方讲话时，自己目光闪烁、到处环顾，都是对讲话人的极大不尊重。因此，要想做到在沟通中受到他人欢迎，就要高度集中注意力，将精力集中于对方所讲的事情上。

（3）不做与谈话不相干的动作。好的倾听者不是非要全部同意对方的想法，但一定是认真接纳对方的话语。在对方讲话时，任何与讲话内容无关的动作都不能做，比如搓手、卷衣角、折小纸片等。这些动作都是对讲话者的不尊重，会让对方产生反感，影响沟通的效果。

（4）及时进行反馈。在对方说话的时候，应做一些回应，表示自己在认真倾听。比如简单的“嗯”“哦”“是啊”的短句，或者一个眼神的反馈、一次点头的反馈等。

（5）观察对方的表情。沟通中，不可忽略对方的表情。看对方如何同你保持目光接触、说话的语气及音调和语速等，同时还要注意对方站着或坐着时与你的距离，从中发现对方的言外之意。

（6）谈一些自己的观点。沟通时，切记不能匆忙下结论，但如果对方谈了很多，你不发表自己的结论也是不尊重对方的表现，或让人觉得你知识匮乏。因此，把结论放在谈话的最后，以最简单的语言去触及就可以了，此外，还要注意不能与对方的结论有太多分歧。即便分歧严重，也要委婉说明，给下次沟通留有余地。

第八章　演讲口才变现方式和场景

演讲在车间，流汗只等闲。

演讲在军营，热血永沸腾。

演讲在课堂，天天奔向上。

演讲在舞台，在机构，在社交场所，在谈判桌上，在招商现场，在发布会场，在动员会上……只要有人的地方，就需要交流，只要超过五个人的场合，就可以演讲。但无论是常规交流，还是激情演说，都需要高超的口才变现能力。

公众演讲场景：门票带给你最好的现金流

2020 年 9 月的一篇文章中（节选）：

“9 月 25 日，罗辑思维母公司北京思维造物信息科技股份有限公司（以下简称思维造物）披露招股书——拟在创业板上市，公开发行不超过 1000 万股，拟募集资金 10.37 亿元。如果上市成功，这将是知识付费的第一股。

思维造物的营收构成分为明显的三部分：线上知识服务业务、线下知识服务业务和电商业务。其中，线上主要是得到 App 和罗辑思维公众号，内容包含课程、听书和电子书；线下包括得到大学、跨年演讲和知识春晚；电商业务主要是阅读器、图书和周边。”

通过相关数据可以看出，思维造物的跨年演讲广受追捧，从 2016 年到 2019 年始终处于上升通道。

2016 年跨年演讲，销售流水为 855.26 万元，销售数量为 5769 人，平均单价为 1482.51 元 / 人。

2017 年跨年演讲，销售流水为 934.29 万元，销售数量为 5922 人，平均单价为 1577.67 元 / 人。

2018 年跨年演讲，销售流水为 957.69 万元，销售数量为 5781 人，平均单价为 1656.62 元 / 人。

2019 年跨年演讲，销售流水为 1282.43 万元，销售数量为 7838 人，平均单价为 1636.17 元 / 人。

由上可见，仅一场演讲就为思维造物带来近 1300 万元的销售流水，可见做好公众演讲的变现能力之强大。在公众演讲方面，能做到罗辑思维这样高度的并不多，想要一场演讲就获得千万级门票收入更是少之又少，即使这样，我们也不能不重视公众演讲。在有机会进行公众演讲时，一定要把握住机会，争取最大范围传播自己的品牌 IP 或个人 IP。那么，要如何把握机会呢？也就是要做好公众演讲，需要有哪些技巧呢？

演讲的主要特点是“讲”，对演讲者而言，有文采不一定有口才。真正的演讲家，既要善写，还要会讲。想成就一次精彩的演讲，掌握一定的演讲技巧必不可少。

1. 演讲时的姿势

演讲时的姿势会带给听众某种印象，如大大方方的印象或畏畏缩缩的印象。虽然个人性格与平时习惯对于演讲姿势都有一定影响，但演讲时还是要尽量做到“轻松的姿势”。不要过度紧张，让身体放松，因为过度紧张不仅会导致姿势僵硬，还会影响舌头的灵活性。有两个小诀窍可以有效减轻紧张情绪，供大家参考：

（1）张开双脚与肩同宽，挺稳整个身躯；

（2）将一只手稍微插入口袋，或者用手触摸桌边，或者手握麦克风。

2. 演讲时的视线

在大众面前讲话，就必须要承受众目睽睽的注视。而且，并非每位听众都会对演讲者投以善意的眼光。尤其当演讲者走到麦克风旁站立在大众面前的一瞬间，来自观众的视线有时甚至会产生刺痛感，尽管如此，也不可以避开观众的视线。具体而言，克服观众视线压力的方法主要有两个：

（1）一边演讲，一边从众人当中寻找投来善意眼光的人；

（2）将自己的视线投向那些“点头”以示肯定的人。

3. 演讲时的面部表情

演讲时的面部表情无论好坏，都会给观众留下深刻的印象。紧张、喜悦、焦虑、兴奋等情绪无不清楚地表露在脸上，这是很难由个人的意志来控制的。精彩的演讲内容，必须配上自信的表情，才能让演讲更有说服力。因此，演讲时面部的表情也很重要。总的来说，控制面部表情的方法主要有两个。

（1）不可垂头。垂头会给人一种“丧气感”，且视线不与观众接触，难以引起观众的注意。

（2）缓慢说话。说话的语速放缓后，情绪即可稳定，表情和身体都会放松，标准语速为 5 分钟讲三张左右的 A4 原稿内容。但要注意抑扬顿挫，否则从头至尾都是一样的语速，容易让观众犯困。

4. 演讲时的发音与呼吸

科学的发音取决于科学的运气，有些演讲者时间稍微长点就底气不足，出现口干舌燥、声音嘶哑的现象，只得把气量集中到喉头，使得声带受压，变成喉音，更加影响后续演讲。

科学运气发音需要平时加强训练，掌握胸腹联合呼吸法。要领是：双目平视，全身放松，喉松鼻通，无论站姿或坐姿，胸部稍微前倾，小腹自然内收。

吸气方法是：扩展两肋，向上向外提起，感到腰带渐紧，后腰有撑开感，横膈膜下压腹部扩大胸腔体积，小腹内收，用鼻子吸气，做到快、缓、稳。

呼气方法是：控制两肋，使腹部有一种压力，将气均匀地往外吐，呼气时用嘴，做到匀、缓、稳。

产品推介场景：让更多的人为你的产品买单

生活离不开演讲，生意离不开演讲。如果你正经营一家公司，经营某个产品或服务，或者是一家公司的销售人员，那么都必然要进行产品推介演讲。

产品 / 服务推介演讲该如何进行呢？我们整理出如下步骤。

（1）了解产品 / 服务。想要做好一个有效的产品 / 服务介绍演讲，必须先把所要推介的产品服务了解清楚，包括产品的各种性能、质量保证、外观设计、售后服务等，都需要做全面了解。

（2）条理清晰。介绍一款产品或一项服务需要有条理地进行，产品可以从性能、外观、包装、价格、竞品等方面去介绍；服务可以分为售前、售中、售后三个方面去介绍。

（3）使用方法。介绍产品或服务能给听众 / 客户带去什么样的用处和什么样的效果，所阐述的结论必须真实。

（4）应用前景。介绍产品 / 服务的应用前景，听众 / 客户入手后会有怎样的价值增长或下降，让使用者买得放心，用得安心。

如果将一篇完整的产品推介演讲规定为满分 100 分，那么演讲的每个环节都对应相应的分数。

（1）产品讲解（40 分），包括：①产品介绍有吸引力（介绍产品核心功能）；②讲解内容有逻辑性（从原理到运用）；③语言简练流畅，具有较强的思想性。

（2）语言表达（40 分），包括：①演讲者语言规范、吐字清晰、声音洪亮；②演讲者表达准确、流畅、自然；③演讲者语言技巧处理得当，语速恰当，语气、语调、音量、节奏张弛有度；④演讲者的思想感情的起伏变化与所演讲的内容相符合；⑤演讲者能让介绍充满活力和幽默感。

（3）形象风度（10 分），包括：演讲者精神饱满，能较好地运用姿态、动作、手势、表情，表达对演讲稿的理解。

（4）综合印象（10 分），包括：演讲者着装端庄大方，举止自然得体，有风度，富有艺术感染力。

（5）脱稿（10 分），这是一项超过 100 分之外的附加分，如果演讲者在演讲过程中能完全不看稿，那么整个演讲过程将额外加上 10 分。

通过上述介绍可以看出，要做好产品推介演讲，需做到的方面有很多。那么，有没有一个核心呢？也就是在演讲中要额外重视的关键点呢？很多做过产品推介演讲的人，都会将介绍产品特点作为关键点，认为只要做好了产品特点介绍，观众 / 客户就会自动买单。现实中凡是如此操作的人，都等于是做了一次失败的产品推介演讲。

观众 / 客户购买我们的产品，是以为我们的产品 / 服务可以满足他们的需求。但一个问题产生了：有些同类产品或服务也可以满足观众 / 客户的需求，为什么一定要买我们的呢？所以，只是讲清楚我们的产品 / 服务与其他同类产品 / 服务有什么不同是不够的，还要进一步思考：这些产品 / 服务的特点跟观众 / 客户有什么利益关系？这才是关键。

当把重点从单纯介绍产品特色转移到观众 / 客户的利益上面时，完成演讲目标的机会将极大增加。因为产品特色只是产品的一个事实，但利益指的是这种事实能够给观众 / 客户带去什么。

例如，介绍一款充电宝的特点：体积小，重量轻，电容量大。正确的产品介绍方式是不能一直停留在这些特点本身（如体积只有多少，重量只有多少，电容量有多大），而要跟观众 / 客户的利益联系起来，可以这样说："这款充电宝体积小，重量轻，大家带着它的时候会很轻松，可以一边用手机，一边充电，因为一只手完全可以操作，丝毫不会有费力的感觉。而且放在包里不占地方，很小的包也放得下，绝对的小身材大作用。加上它的电容量特别大，别的同等体积的充电宝只能充两三次，而它可以多充两次，实在是居家旅行、日常在外的必备良品。"

这样介绍一款产品 / 服务，让观众 / 用户非常有代入感，甚至在听演讲的同时就已经有了画面感。如此，他们购买这款产品 / 服务的驱动力就增大了，从而引发更多人主动为产品买单。

销售演讲场景：现场成交，卖出产品收回钱

销售无处不在。咱们学沟通，学表达，学演讲，目的是希望成为一个口才更好的人，以增强口才的变现能力，从而让我们的生活变得更好。

很多从事销售的人，都认为口才变现的最佳出口就是销售。因为每销售出去一个商品、一单商品、一批商品，都会有真金白银流入。对于产品而言，销售出去的价格越高，获得的利润就越高，企业和销售人员获得的利益也跟着水涨船高。这也是口才变现最有利的体现。总之，口才好的销售人员一定比口才欠佳的销售人员获利更多。

相比较一对一地推销产品，销售人员在各类展会上一对多地推销产品，更容易发挥口才的价值，销售变现的概率也会更大，变现金额也会更多。

展会上的销售演讲一般有两个目的，一个是对外展示自己的产品和相关服务；另一个是达成现场成交，卖出产品产生收益。

本节所阐述的是后面一种情况，即销售人员现场同客户达成交易，不论大宗生意还是小宗生意，只要能达成的，都不会放过。

展会演讲不可能是长篇大论式的，因为客户都在展柜前不断迅速游走着，只是会在感兴趣的展会面前驻足仔细看看，认真听听。

有一次参加在“鸟巢”附近举行的一次茶展览，对于对茶道不甚了解的我来说，这一次算是大开眼界了。整个大厅内部有几百家参展商家在展出他们的“宝贝”，很多竟然是平时难得一见的孤品。记得一家参展商的摊位上堆放了好多个大茶叶包，个头大的能有半个立方米，上面都明确标注了茶叶的年份，居然有一包是 20 世纪 30 年代的。参展商告诉我，这是全国唯一的孤品，茶叶的名字忘记了。我很好奇存放了这么久的茶叶不会变质吗？商家告诉我，茶叶能储存多久分品种，他们这些年代久远的茶叶都属于越陈越贵重的；而且茶叶的存放是有讲究的，如果存放得不好，也会导致茶叶变质。

溜达了一圈下来，我也买了一些小物件，算是不白来一趟。此外，我还看到有人当场成交了几千元一斤的茶叶和陈皮。更令我有点惊讶的是，我看到了一位销售陈皮的销售人员以半演讲半聊天的方式，成交了一宗大生意。在与成交的客户交谈时，这位销售人员恰到好处地掌握时机，将产品最能吸引人的地方大声地讲解给包括当前客户在内的所有潜在客户。毫无疑问，当销售人员将交谈变为演讲时，周围的其他潜在客户都会将目光停留在当下这位客户的身上，这种时而被大家关注的感觉，也刺激了这位客户想进一步和销售人员交流的欲望。

以简短演讲的方式同时吸引潜在客户的目光和激发当下客户的交流欲望，说明这是一次成功的销售演讲。下面，我们将在展会上的一些销售演讲策略罗列出来，仅供大家参考。

（1）销售人员要主动去跟站在摊位前面的潜在客户聊天，主动去了解潜在客户的需求，为接下来有可能的成交打下基础。

（2）销售人员要对那些不了解产品的潜在客户给予耐心讲解，谁知道哪位潜在客户是真正的目标客户呢！我就是在和那家“孤品”商家交谈了一会儿后，产生了购买他家茶叶尝一尝的想法，虽然买得不多，买的也只是普通的茶叶，但对这个商家来说，他又成交了一笔生意，而且还有可能在将来为他带来其他的生意。

（3）和潜在客户交流时的开场白，不要说：“请问您想买点什么？”多数人可能都是来看热闹的，他们也不知道自己能买点什么。可以这样问：“您喜欢我们的产品吗？比如这款？”如果客户挺喜欢的，就有了继续聊下去的话题；如果客户不怎么喜欢，或许也会反问一句，这样也有了进一步交流的可能。

（4）因为展会现场是面向所有潜在客户的，作为销售人员不能只被眼前的一位客户吸引，而要尽可能地兼顾其他潜在客户。所以我们刚才说的销售陈皮的这位销售人员就做得非常好，利用“演讲＋交谈”的双重方式，一面锁定了当下客户，另一面照顾了其他潜在客户。

（5）因为是现场成交，每个人的时间都是有限的，因此要对客户进行快速的判断，既然这个客户愿意站在我们这个摊位前，就一定有一些值得其停留的东西，此时销售人员要尽快找出客户的需求，并及时送上能解决客户需求的商品，成交自然水到渠成。

招商演讲场景：精彩的演讲，吸引企业合作

招商引资会作为一项大型的对外商业活动，要求所有负责招商引资的管理者都要格外用心。尤其是招商引资会上的演讲，更是一个非常重要的环节。想要在招商引资会上体现出企业的优势，从而获得更多优质的合作机会，那么演讲者就必须要熟知以下几点演讲的注意事项。

（1）对一些特殊任务进行公开致谢。如果招商引资会上出现了相对重量级的人物或者对企业发展有过重要帮助的人，那么演讲者就要在演讲时对这类人物进行公开致谢，可以是短暂的鞠躬，也可以是简单介绍后的带头鼓掌。

（2）把握演讲时间。演讲者要充分把握演讲的时间，不能让演讲耽误接下来的招商流程。毕竟演讲只是招商引资的一个开端，如果过于冗长，就会起到适得其反的作用。

（3）明确演讲的目的。在招商引资会上演讲的目的是让其他企业看到本企业的诚意，以便达成招商引资、签订合作项目合同的目的。

（4）要有独特的演讲风格。演讲者要有一定的风格，因为这代表了企业的形象。如果演讲者的演讲风格很吸引人，那么就能够给前来参加招商引资会的外部企业留下一个好的印象，无形中增大合作概率。

一场成功的招商引资会演讲，不只是能够感染和打动参展者的心，还能够达到具备艺术魅力的效果。著名演讲大师博恩·崔西说过：“一个好的演讲，不一定要十分留意自己的演讲内容，但是却要十分留意演讲的艺术和技巧。”因此，在招商引资会上的演讲，要求演讲者必须具备一定的技巧。

（1）风趣轻松。在招商引资会上的演讲，一定要具备深刻和风趣的双重风格。该严肃的时候，就一丝不苟；该轻松点的时候，就主动活跃气氛。当然，演讲者不能为了风趣而风趣，故意制造一些低级的场面，而是要求演讲者在演讲时流露出自己的热情和真诚。或许那些来参加大会的外部企业家就是需要一场与众不同的演讲，那你的风趣恰恰能满足他们，那么这样也就更容易达成合作。

（2）紧扣主题。招商引资会的目的在于，招得商家，引得资金。所以，演讲者在演讲时一定要紧扣这个目的和主题，把握好演讲的时间。一般情况下，演讲时长在20分钟左右，无数实例证明了，“漫长”的演讲并不受人欢迎。简短的演讲就需要将与主题无关的都去除，只保留能紧扣主题的。只有演讲者紧扣演讲主题，才能让外部企业家们明确主题，做出是否合作的思考。

（3）感动对方。演讲的一个重要目的是，演讲者要用自己的风格感动前来参会的企业家和企业代表们。演讲的内容通常包含：自信的笑容，具有哲理的语言，发自内心的热情，流于言表的诚挚等。做到这些，就能增加让外部企业与之合作的机会。

（4）眼神交流。演讲不是自说自话的独角戏，需要和前来参加招商引资的外部企业进行实时的互动，比如进行眼神交流。演讲者要用真诚的眼光与对方互动，让对方感受到自己的诚意，提高他们对本企业的印象分。

（5）手势辅助。手势是演讲时要传达信息的延伸，因此演讲者需要借助一些手势来提升演讲效果。但前提是必须得体，且要有的放矢。如果演讲者在某个时段不知道该做何手势，可以将手随意放在身体两侧，这样会让自己看起来更加从容。

（6）妙语佳言。销售大师乔·吉拉德在公司的某次招商洽谈会上做演讲时说道："大家下午好。当我说到'我喜欢你'这句话的时候，各位想到的是什么呢？内心是不是很欣喜？这是我在做销售的时候最喜欢用的一句话了！好了，现在我是招商大会的演讲代表，我们言归正传，不过，我还是要说一句'我喜欢你'。下面请允许我代表我的公司介绍一些这次招商会的情况……"可见，乔·吉拉德的演讲充满着风趣和幽默，这种幽默感让当时在座的企业家们无不感受到了浓浓的热情，让他们更愿意听演讲，也更愿意在轻松的氛围下做出投资决定。

资本路演场景：资本融资最佳路线图

"路演"译自英文 Roadshow，是国际上广泛采用的证券发行推广方式，指的是证券发行商发行证券前针对机构投资者的推介活动。在活动中，企业向投资者就本企业的业绩、产品、发展方向等作详细介绍，充分阐述上市企业的投资价值，让准投资者们深入了解具体情况，并回答机构投资者关心的问题。

路演在中国刚一出现，就得到了上市企业、券商、投资者的关注和青睐，也引起了其他企业的广泛关注和浓厚兴趣，并效仿证券业的路演方式来宣传推广自己企业的产品，形成时下盛行的企业“路演”。

到了现在，企业路演的概念和内涵已经发生改变和延伸，成为包括产品发布会、产品展示与试用、优惠热卖、现场咨询、礼品派送、有奖问答、文艺表演、游戏比赛等多项内容在内的现场活动。

资本路演是一些企业融资的最佳路线。但是，想在 5 分钟内讲清楚自己的项目，并且让投资人感兴趣，还是需要一定的技巧的。下面针对资本融资路演中的一些必备环节和技巧做详细阐述。

1. 准备一份适当的商业计划书

企业要根据不同的路演类型（大、中、小型）制作商业计划书，展示时间一般在 5 分钟到 20 分钟。

商业计划书是对企业的梳理，可根据不同行业和企业自身的特点灵活制作。一份完整的融资计划书路演 PPT 应包含八项内容：投资亮点、基本情况、商业模式、行业分析、团队介绍、财务情况与预测、发展规律、融资计划。

路演 PPT 是演讲者的辅助工具，所以不需要把所有内容都放上，选择具有代表性的关键词、图片和统计数据放到 PPT 上，配以简短的总结性、强调性文字即可。如果演讲时间允许，还可以加入短视频来配合展示。

路演演讲是要向投资人传递一些关键信息，比如企业所在行业的发展趋势、企业和竞争对手的对比优势、企业的历史财务情况和未来的盈利预测等。

2. 讲一个有逻辑、带感情的故事

路演更多是表达和传递，把企业过去的、现在的和未来的成长故事讲给投资人听，且在故事中融入数据说明，来达到更具说服力的效果。

故事能不能听懂，好不好听，需要演讲者把握好逻辑和感情。通常路演都需要企业创始人亲自上阵，因此企业创始人要在这方面多加练习，也可以找非常专业的演讲者来代替自己演讲。

讲故事是一个沟通、传情的过程，需要具备逻辑性和情感带动因素。逻辑性要根据所处行业和企业自身情况的不同独立设计，但核心都是将关键环节串联起来，通过讲故事的形式去吸引投资人。情感带动则强调演讲者一定要精神饱满，将企业精神、创业激情展现出来，切忌平铺直叙。

3. 讲出“痛点”和亮点

如果企业的产品或服务切实能够解决用户的某些“痛点”和需求，那么就必须要强调出来。

企业应结合所在行业的特点突出自身优势，可以从产品技术、核心团队、市场渠道、商业模式等多个方面展现亮点。比如企业在高科技行业内技术领先，这就是亮点；再如互联网企业的产品解决了用户的关键“痛点”，这就是亮点。演讲者必须尽力展示产品或服务的细节与独特价值，将亮点真正点亮。

相较于不经常或者从未有过路演经历的演讲者（企业创始人），投资人对于路演早已司空见惯，他们看过的项目不计其数，因此如果演讲者能在路演最开始的 3 ~ 5 分钟内把企业的亮点提炼出来，就能吸引投资人对项目的注意力。

4. 突出团队优势，尤其是核心人物

投融领域有句经典名言：投企业其实就是投人。因此，投资人不只关注欲投资企业，更加关注欲投资企业的人。

曾做过的一个企业融资案例，投资人在跟企业领导者交流时说："我们投资人不太懂这方面的技术，但是看到企业老板是草根出身，在行业里踏踏实实做了十年，这种专注非常值得认同。"这笔投资最终谈成了，促成投资的关键因素就是企业核心人物的综合素质。

5. 务实，不说假大空话

关于此，可分为三个关键点来讨论。

（1）关于技术。演讲者总是喜欢夸大企业的技术能力，甚至喊出了"已做到全球第一"或者"目标是做到全球第一"。全球第一是那么容易做的吗？一家待融资的中小企业如何有实力说出这样的大话？即便真有实力冲击全球第一，也不至于这么早就喊出来。千万别小看投资人的能力，他们会关注一家企业，也一定是了解企业的相关行业情况的。

（2）关于竞争对手。千万别说没有对手，这个世界上几乎不存在没有对手的企业，哪怕今天还没有对手，可能明天就会有一堆对手冒出来。

（3）关于资金。千万别说"万事俱备，只缺资金"，而是要将融资计划和投资人讲清楚，需要多少钱做哪些事，哪些地方要重点投入，未来可能会追加多少投入等。当然，可以适当说出企业发展目前遇到的困难，需要连接哪些资源等。不要觉得不好意思，这是人之常情，没有困难就不会想到找投资了。

竞选演讲场景：给别人选择你的理由

企业内部的岗位竞选（或竞争）演讲，不仅要在气势上先声夺人，还要让听众认可你的真诚老实，同时语言要简练有力，内心要充满自信。

（1）气势先声夺人。竞选演讲的重要特征是要具有竞争性，而竞争的实质是争取观众的响应和支持。做到这些的有效方法是必须有气势，当然气势不是霸气和傲气，而是浩然正气。

（2）态度真诚老实。竞选演讲就是“毛遂自荐”，要将自己的优点毫无保留地展示出来，让观众尽可能地了解自己。但要注意的是，在“展示”自己时，态度必须真诚，作风必须老实，有一分能耐说一分能耐，夸夸其谈和弄虚作假是绝对不可取的。

（3）语言简练有力。老舍先生说：“简练就是话说得少，而意包含得多。”竞选演讲虽是宣传自己的好时机，但也不能长篇大论，而是应该用简练有力的语言把自己的核心思想和具体能力表达出来。

（4）内心充满自信。不要怕推销自己，只要你认为自己有才华，就应该认为自己有资格担任所竞选的职务。一个人充满自信时，站在演讲台上面对众人时就会从容不迫，以最好的状态来展示自己。

除了上述四点必须要注意外，竞选演讲还需要一些技巧加持。相对于没有技巧，有技巧的竞选演讲的成功率要高出三倍以上。下面给出了竞选演讲必须要了解的实用技巧。

1. 演讲内容要有实用性

一个好的演讲，必须要考虑演讲的“金字塔体系”。金字塔中处在最底端也是最重要的是故事，这个故事可以是演讲者自己的，也可以是他人的。好故事要有目标，让听众受益，并在不知不觉中体现出自己的优势。

事实上，所有公众演讲的目的，就是对有价值信息的传达。但是，如今的大部分演讲都不能流畅地传达信息和说服观众，大都变成了密集地向观众单向灌输信息和传达数据的直白说明会，这根本不可能说服观众。

2. 整个演讲要有逻辑和条理性

始终要明白，演讲不是在跟家人朋友聊天侃大山，演讲是一场有规则的竞争，更是一场没有硝烟的战争。规则是什么？就是要让观众明白自己要输出的意见或态度，一条完整的逻辑信息传递出来后，观众能够迅速明白。虽然不能做到绝对自洽，但至少没有明显的矛盾且能得到最多的认同。

逻辑有两个方面，一是准备的演讲稿的行文逻辑，这是整个演讲可以成功的基础；二是演讲时的话语逻辑，同样一篇演讲稿，有的人抑扬顿挫，有的人无病呻吟，这里边就是演讲的逻辑在作祟。演讲的逻辑对于演讲者把握个人情感、语气、语调以及整个演讲内容，非常关键。

3. 竞选演讲的整体规则

关于这一点，我们总结出以下几个关键性逻辑仅供参考。

（1）有趣的演讲。如果演讲比较长，应加入一些小故事进行串联，并帮助阐述观点。

（2）放慢速度。紧张或没经验的演讲者更容易在演讲时像打机关枪一样说个不停。

（3）眼神交流。与所有观众进行眼神交流。

（4）用 15 个词做总结。把自己的想法用 15 个词总结出来。

（5）提高音量。演讲最忌讳的就是观众无法听到演讲者在讲什么。

（6）不要读幻灯片。很多人都认为自己可以脱稿演讲，可事实却是常常回头看屏幕读幻灯片。

（7）不要事先计划手势。演讲中的任何手势都应该是所要传达的信息的延伸，而不是为了加动作而加动作。

就职演讲场景：为你的未来打开一扇窗

上一节讲述了竞选演讲，而有竞选就会有就职，所以在竞选演讲成功后，就一定会有一场就职演讲。现在，假设自己是就职演讲的主角，那么此时该如何进行就职演讲呢？如何通过就职演讲为自己的职业生涯打开一扇新的窗户呢？

先来看看就职演讲中所必须遵守的五项原则是什么。

（1）充分准备原则。在进行就职演讲之前，必须做足准备。首先要了解自己所竞选成功的职务，然后以严谨的逻辑和清晰的条理写好演讲的提纲和内容，最后是熟悉演讲内容，保证演讲效果。

（2）观点明确原则。就职演讲切忌东拼西凑，也不能请人代笔，因为这两种做法都会缺乏真情实感，必须自己亲自操刀，且观点要足够清晰明确，充满理性，让观众一听就能领悟其核心，并予以认可。

（3）语言运用原则。需要严谨对待就职演讲，但就职演讲并非一场学术性的演讲，因此应慎用晦涩难懂的学术名词或学术语言，尽量多用通俗易懂和简单明了的普通语言甚至大白话，让观众轻易明了的同时，拉近和他们的距离。

（4）结合实际原则。就职演讲必须结合实际，比如可以在演讲中加入一些时事的东西或正在流行的元素，增加演讲的趣味性，但要避免出现争议性话题，免得引起非议。

（5）建立自信原则。进行就职演讲时，台下会坐满观众，面对众人的目光，演讲者可能会感到胆怯，但此时必须调整好心态，充满自信地去面对。但关于演讲自信心的建立，并非一蹴而就，需要在平时就有针对性地进行锻炼，以让自己在演讲时更快进入状态。

说完了就职演讲所必须遵守的五项原则，接下来看看进行一场漂亮的就职演讲需要的技巧，主要包括 4 个“借”。

1. 借“时”发挥

就职演讲有具体的特定时间，有的演讲者会巧借就职年份这个特定的时间尽情发挥，取得非常好的效果。

例如，某公司销售部经理在就职演讲中，就在表态一段借助了时间：“今年是马年，过马年，大家一起上马背，我们销售部‘马上人’的态度是：立马行动、一马当先、万马齐驱、快马加鞭，抢立汗马功劳，争取马到成功。”

该部门经理以一连串的“马”为喻体组成博喻，妙语连珠、贴切生动、情真意切让这次演讲充满感染力。

2. 借“物”发挥

演讲总体而言是比较空泛的，如果只是一味慷慨陈词，将会更加空泛。因此，可以借助现实中实际存在的东西，将演讲从天上拉回到人间，要知道，接地气的演讲往往更能打动人。

例如，某公司人事部总监在就职演说中，借助自己的家乡发挥了一下：“我的家乡是辽宁省辽阳市，那是一个盛产煤矿的小城市。辽阳产的煤，能熔入你们的火炉，我感到非常荣幸。但要说明：辽阳产的这块煤，灰分肯定不少，尽了努力，热值不一定很高，靠大家帮忙了。”

演讲的开场白构思新颖、不落俗套。“辽阳产的这块煤”，这是自比，寓意自己不是“闪闪发光的金子”；把公司比作“火炉”，寓意公司这个大家庭；“灰分肯定不少”，这是在自谦；“尽了努力，热值不一定很高，靠大家帮忙了”，寓意自己会尽力工作，并希望得到大家的配合。

3. 借“事”发挥

就职演讲是在选举结束之后进行的，而选举的过程总能给人留下深刻的印象，因此，可以借助选举中的某一具体事情尽情发挥。

例如，某公司市场部总监在就职演说中，就巧妙地借助选票数做了点文章：“这次选举，我再次当选市场部总监，并得了‘180%’选票。不要笑，这里的 80% 是大家投给我的，另外 100% 是我自己投的。80% 的选票说明，有人对我之前的工作不够满意，这对我是非常好的鞭策，所以我给自己投了 100% 的选票，是想向大家表个态，在接下来的工作中，我当不断进取，每一天都赶超昨天的自己，力争带领大家创出事业的新高度。”

上述演讲的巧妙之处，就在于先给出了一个不存在的选票，故设悬念，然后再亲自解释，解开悬念。演讲内容设计巧妙，逻辑性强，让观众感到诚实、可信、可敬。

4. 借“景”发挥

成功的就职演讲者很善于捕捉会场场景，每一处有用的细节都会尽收眼底，包括台下观众的目光，这都可作为演讲发挥的缘由。

例如，某公司仓储物流部经理在就职演讲中，就巧妙地借助观众的目光发挥了一番：“我登台演讲，收到了大家不少的‘礼物’，就在此时此刻，我还在源源不断地接收着大家的‘礼物’。大家可能很纳闷：我没送过什么给你呀！其实，大家确实是送了，但都是在不知不觉中送的，这个‘礼物’就是你们的目光。我发现，大家向我投来了各种各样的目光：有信任的，有期待的，有疑惑的，有不屑的……不管是怎样的‘礼物’，我都愿意收下，因为这是对我的鼓励与鞭策。”

演讲者开场以观众送来的“礼物”故设悬念，引起观众的惊讶和疑惑，接着对“目光”作了饶有兴趣的解读与分类，最后表态会将这些“礼物”一并收下，因为这是对自己的鼓励和鞭策。

发布会演讲场景：口才是让别人了解你的第一名片

发布会通常是指新闻发布会，也称为记者招待会，是企业向新闻舆论界发布有关信息，来解释或者宣布一些重大事件的大型对外活动。

对企业来说，新闻发布会往往意味着要对外做出重大决定，领导者的演讲就显得尤为重要，因为领导者不仅代表着自己的身份，更代表着整个企业的形象。所以，领导者演讲时自身形象和演讲得是否成功就很重要。

一位优秀的新闻发布会发言人，需要做的不仅是注重发布会演讲的基本礼仪和明确发布会演讲的核心目的，还需要在此基础上为观众呈现一次精彩的演讲。新闻发布会相对于其他的外界发言，是一种比较特殊的模式，进行得好不仅能震惊舆论界，还可以树立企业形象，达到宣传的目的；若是进行得不好，则很可能会给企业带来负面新闻。因此，作为新闻发布会的发言人，领导者必须通晓其中的演说技巧，做到万无一失。

1. 熟悉新闻发布会演讲词的风格

新闻发布会上的领导者（发言人），一定要注意发言风格，必须做到稳重、得体，要使用官方化的措辞。

首先，领导者作为企业发言人在发言时，需表现得十分自信、亲切。其中自信能够凸显发言人的立场，让观众以及新闻媒体对发言人产生信任。发言人同时也是企业和外界沟通的桥梁，其亲切的风格也是必备的。

其次，当企业发言人在新闻发布会上要澄清一些对本企业不利的事情时，要有一定的幽默讽刺风格。例如，斯蒂夫·乔布斯曾在澄清苹果设计被泄露一事时说：“事实上，公司每名员工都有自己的私生活，他们都是年轻人，也会去酒吧、夜店。因此，关于泄露设计一事，也许你们应该去调查某个百变女郎。但即便发生了这样的传闻，我们的设计到现在却还是独一无二的，这又说明了什么呢？传闻到底是传闻，不可以相信。”

2. 简洁明了，条理清晰

记者们总是善于从很微小的事情中揣摩出漏洞，所以，如果只是很简单地向外界宣布一件事情，就应该干脆果断、简洁明了地讲出，绝对不能拖泥带水，因为越拖沓，就越容易给记者留下自由发挥的想象空间，也给了记者继续刨根问底的机会，难保不会在回答中出现纰漏。

此外，领导者的发言必须条理清晰，在逻辑上不能让记者抓到任何漏洞和能够制造漏洞的机会。

3. 发言中要提供给舆论界一定的新闻

记者来到企业的新闻发布会，就是想要获得有价值的新闻，因此企业领导者在发言时，可以在不违反国家法律和不泄露企业秘密的情况下，和记者们主动谈及一些对企业有利的情况，这样既满足了记者的要求，也加强了对企业的宣传。但是必须注意，这些主动谈及的信息，一定是对企业有利的信息，且同时运用了简洁明了和条理清晰的技巧。

动员会演讲场景：激情点燃全场，让听众为你拼命

领导者开展工作常常要通过召开会议的方式，而众多类型的会议中，以动员会传递出来的工作能量最高。动员会是指企业要组织开展某项工作或活动，启动之前，为了统一思想、振奋精神、提升士气、宣布统一实施计划等所召开的会议。在这种会议上，通常有负责主抓待启动工作的领导者发言，还有负责执行待启动工作的基层代表发言。

一场高质量的动员会，可以最大化点燃员工的工作热情，形成一股“三军用命”的协力状态。当然，动员会也不是只喊口号、空表决心，而是需要领导者向全体与会人员发号召，下指示，鼓舞与会者的士气，唤起与会者的工作热情。

例如，某医院要申报三甲医院，各项计划工作准备就绪后，决定召开“创三甲医院动员大会”。假如您是该院分管领导，且需要在这次大会上讲话，那么您将从哪几个方面讲起呢？又该如何讲呢？

参考范例：

“同志们，在这风和日丽、鸟语花香的日子里，在这万物勃发、激情涌动的时代下，为了医院的明天，也为了我们的未来，我们相聚在一起，召开本院全体职工动员大会，标志着我院创建三级甲等医院的工作正式启动。

我们召开此次大会，目的是要动员大家坚定信心，提高认识，摆正心态，鼓足干劲儿，全员参与，积极投入到创建三甲医院的工作中去，力争在上级要求的时限内完成申报工作，以及达到三甲医院所必需的各项工作与要求，确保我院创建三级甲等医院顺利通过。

概括地讲，我希望全院同志做到以下几点。

第一，认识现实差距，努力追赶超越。这次评审是一次难得的机遇，更是一个巨大的挑战。目前，我院离三甲标准还有很大的差距，因此，我们要提高认识，统一思想，全员动员，把全部精力都投入创建三甲医院的工作中去。

第二，提高医疗质量，保障医疗安全。这是完成“三甲”目标的重要措施，大家应该清醒地认识到，评审不是评比，而是对医院在保质保量，保障安全，提高效率等一系列措施落实的认证。

第三，提高服务质量，加强行风建设。这是实现“三甲”目标的重要保障，服务质量关系到医院的社会效益和形象，行风建设关系到百姓的切身利益，这两点也是百姓普遍关注的热点问题。

同志们，三甲医院迎评工作极其艰巨，是对医院领导班子和全体职工的严峻考验！我坚信，在各级领导的大力支持下，在领导班子的团结协作下，在各位同人的齐心协力下，我们的目标一定能实现。

谢谢！”

上述案例很清晰地表明，动员会上领导者的发言应该遵循的主线是：强调主题→说明目的→提出要求→寄予希望，最后将重点落在工作部署上，结合实际情况，越具体越好，既要具体指导落实工作开展，又要鼓舞与会者的士气，唤起大家投身工作的热情。此外，因为是动员大会，性质应该以激励为主，因此，演讲者的语音、语调要富有激情，起到感染大家的作用。

报告会演讲场景：让观众在你清晰、精练、准确的表述中认可你

报告会是由一人或若干人就某些问题向上级作专题演讲的集会。如向上级报告工作，反映情况，提出意见或者建议，答复上级的询问等。

报告会演讲必须符合以下四个原则。

（1）限定原则。报告演讲中的限定表现在三个方面：①报告演讲的内容、材料必须限定在报告者自己的职责范围内；②报告演讲的内容、材料必须限定在报告者在任职期限内所获取的；③汇报演讲的时间通常限定在15 ~ 20分钟。

（2）客观原则。通常情况下，报告者与观众是属于同一企业的，双方长时间在一起工作，彼此基本上是相知的。因此，汇报者在演讲时必须实事求是，否则就会轻易被观众看穿，给自己带来不好的结果。

（3）严肃原则。报告演讲场合的庄重性、上级领导的重视、下属员工的监督等，都要求报告者必须严肃认真地对待报告演讲，以显示其重视度，树立自我形象，更进一步地实现自我价值。

（4）评议原则。按照一般的报告程序，在报告者演讲完毕后就应回

避，接下来由观众进行分组讨论和民主评议，辨别其报告内容是否属实、是否正确和是否客观，对其给予鉴定。之后将“鉴定”结论和报告一并交上级部门作综合评估，来作为报告者升迁、留任、降职、调整等的重要依据之一。

报告会演讲方式可以分为三种，准确的说应该是分为三个层级：低层级是照读式（预先写好报告内容，然后完全照本宣科）。因为报告者将精力全部集中于读稿上，无法与观众进行交流，因此这种方式会影响报告效果。中间层级是背诵式（预先写好报告内容，然后背诵式地讲出，如果忘词了就看稿回顾）。因为演讲的过程中会出现“短路”的情况，因此这种方式同样影响报告效果。高层级是即兴式（演讲前反复熟练讲稿，演讲时根据已有内容，即兴组织语言）。因为不受具体演讲稿的束缚，报告人可根据实际情况充分发挥生动的口才能力和得体的姿态语言，在激情、联想的作用下使自己的演讲更生动、更形象、更有针对性，这种方式的报告效果无疑是最好的。

无论采取上述哪一种方式，都要明白报告会演讲的语言必须朴实、精练，同时具有清晰的逻辑性。

报告者在演讲语言的运用上要力求朴实、通俗、形象，千万不要弄一些花里胡哨、令人感到虚伪做作的东西。

报告整体必须精练，报告时间为 15 ~ 20 分钟，按正常播音速度 180 字 / 分钟计算，报告者的演讲稿不得超过 3000 字。要在有限的字数里，把自己任职以来的主要成绩、经验教训等较为完整、系统地表述清楚，且做到语言精练、逻辑清晰、措辞准确、详略得当。

脱口秀演讲场景：让观众在笑声中为你买单

脱口秀（US-Talk Show）是一种谈话节目的形式，也可称为 Stand-up comedy（单口喜剧），我国香港地区称为栋笃笑，我国台湾地区称为独角喜剧。

我国传统单口相声，也许在西方人眼中也属于 Stand-up comedy，但自成体系，与欧美传过来的单口喜剧并不一样。我们此处讨论的脱口秀是指《脱口秀大会》中的 Stand-up comedy。

从严格意义上讲，脱口秀属于演讲的一种，但目的性与侧重点不同。

演讲侧重表达观点和主张，说服听众是主要目的。而脱口秀则主要是逗听众笑，幽默的表达是重点，表达观点和主张的部分是隐藏起来的，说服人不占主要篇幅。

很多人认为脱口秀就是讲笑话，或许可以这么理解。不过一则笑话能有多长，几句话、十几句话最多了，但一个脱口秀节目短的几分钟，长的十几分钟，甚至有更长的，再经典的笑话也支撑不了这么长的时间。而且，脱口秀的核心是“包袱”，需要一个“包袱”接着一个“包袱”地抖，中间不能断掉，如果断掉了，“笑果”就会减弱。因此，优秀的脱口秀表演者追求的都是一句一个“包袱”，且“包袱”搞笑层级会不断提升，以烘托节目时长效果。显然，要达到这样的效果绝非易事，需要表演者有极强的故事编排和“包袱”穿插能力，还需要有一些技巧的加持。

下面，我们就对脱口秀表演中涉及的一些关键技巧进行总结，希望能够为正在从事或者渴望从事脱口秀表演的人提供一些帮助。

技巧 1：真诚、用心。为了提升表演效果，大部分脱口秀演员上台都在说自己的故事，尽管后面又常否认。但演员切身经历和体会过的故事才是最打动人的，观众也都能真切地感受到。

记得一位患有先天疾病的脱口秀选手，虽然看着与普通人有些不同，但他非常乐观地接受了现实，也很努力地经营着自己的人生。他能够勇敢地站在舞台上对自己的缺陷进行调侃：“我们都有病，只不过，我的，更明显一点。”这份勇气和豁达，让人忍不住为之喝彩。

技巧 2：模仿高手，惟妙惟肖。脱口秀也可理解为讲故事，只是讲的故事非常搞笑，且生动。而在讲故事时，脱口秀表演者主要是用声音塑造人物形象，用肢体语言进行辅助。

“你至于吗？你今年二十几？十八！介你是青春期啊！你听伯伯的，伯伯是过来人……”这是一位表演者在脱口秀中的模仿片段。恐怕很多人通过“介”就知道这位表演者模仿的对象了，就是“没有什么解决不了的天津大爷”。而后这位表演者还借助“天津式英语”让天津大爷在美国的一次“人质解救事件”中英雄了一次。

模仿能力的培养，绝不是生搬硬套，而是要从观察生活开始，发掘生活中生动的形象，然后储备下来，在合适的时机运用于创作中。

技巧 3：学会停顿，敢于停顿。连接与停顿是一对双生花。连接，需要有停顿做积累，需要有感情做策动；停顿，需要有连接做铺陈，需要有悬念做支撑。

有些脱口秀表演者喜欢妙语连珠式的表演，但有些表演者则喜欢慢条斯理地讲故事，在最恰当的时刻停下来，然后给出出人意料的反转。

“有一天晚上，下暴雨，我在街边，看到一个男生，忽然蹲下大哭，哭得很惨，更悲哀的是，路过的人，不仅没安慰他，还围上去，拍短视频，我很心酸，我走过去，我说，‘兄弟，你怎么了’，他说，‘哥，我们在拍短视频’。”

听听这段话，如果按照写作的标准看，简直就是不及格，断句太频繁了，而且“我”用得同样频繁。但这不是写作文，而是表演节目，整体效果非常好，每次断句都是对最终反转的积累，连续强调三个“我”是对整体“悲哀”氛围的烘托。其实，在最终反转“我们在拍短视频”之前，表演者已经说出了“拍短视频”，这种前后呼应，增加了作品的整体效果。

技巧4：故意寻找错误的重点。这里所说的错误不是真的错误，而是一种为了节目效果的特异性解读。脱口秀其实就是一种“反常识”，通过对比、反差制造效果。

例如：“网络上一大半人都在骂男足。我很失望。剩下那一半是没有键盘吗？”脱口秀表演会用一些其他视角的语气，但是说出的话又一定是符合当下的角色视角的。

第九章 培训口才变现：通过企业培训，让员工创造利润

培训是实现员工升级最直接、最管用的方式。任何企业都应该建立起适用于自身发展的培训机构，帮助企业发现并培养出越来越多的人才，成为真正的“人才基地”。其中，尤以口才能力培训为重点，企业通过对员工进行口才变现能力的培训，来达到企业整体执行力的提高。

企业培训，旨在激发员工内力，引爆企业利润

企业培训是每个企业都必须要进行的工程。只有经过正规的培训，员工才能提升并具备企业所需要的一切素质。也就是说，未经过培训的员工是低配置的，经过培训的员工才是合格的员工。

我们来做一个对比，看看一名经过成功培训的员工和一名未经过培训的员工，究竟有哪些方面的差距。

经过培训的员工：能力强，知识面宽，执行力强，综合素质高，价值观与企业相符。

未经过培训的员工：能力不强，知识面不宽，执行力不强，综合素质不高，价值观与企业不相符。

由此可见员工培训对于企业的重要性。那么，要如何做才能实现员工从低配到高配的升级培训呢？

如果你认为企业培训的目标是帮助员工提高技术能力，那么这表明你的观念还停留在三十年前，因为这只是企业培训的短期目标，而非长期目标。

所谓培训目标，是进行全体员工培训计划的依据，所有的培训内容都用来辅助实现这一目标。想要执行优质的培训计划，必须明确企业发展战略，围绕发展战略培养企业最需要的人才。围绕企业发展目标所培养出的人才，不仅是企业长期发展所需要的，而且还与企业价值观高度契合。

某公司负责人喜欢通过绩效奖励促使员工提高工作业绩。但是，员工的总绩效很难提高，有的员工不在乎奖励，根本不努力；有的员工非常努力，但能力有限或方法不对。

可见，单纯的物质奖励并不能达到提高员工工作业绩的目的。如果采用培训的方式，虽然见效过程缓慢一些，但成效显著。企业可以通过集中培训的方式，提高员工的工作态度，增强员工的工作能力，帮助员工从根本上认识工作的本质，调动其主观能动性，提高工作业绩。

同时，经过企业的培训，员工在接受新知识、新信息、新能力的同时，也能感受到企业对自己的关心和重视，使得培训对于员工来说不仅具有拓展知识和提高技能的作用，还具有提升信心和激发工作热情的效果。

因此，企业培训不仅可以增强员工对企业的认同感，还可以让员工从工作中收获属于自己的满足感和自豪感，增强他们之间的凝聚力以及他们与企业之间的向心力。

员工培训最重要的目的之一就是统一价值观，包括员工与企业间价值观的统一，员工与员工间价值观的统一。

通常情况下，员工与企业无法保持价值观的一致，企业想要长久发展，员工渴望短期利益；企业追逐整体利益最大化，员工追求个人利益最大化。而培训是解决上述价值观冲突的最好办法，不仅可以让员工了解企业的过去，增强对企业的信心，清楚企业未来的发展规划，更重要的是清楚待企业发展壮大后自己能得到怎样的回报。

高质量的企业培训还可以提高企业的上层建筑——企业文化。只有企业文化中具备积极、务实、诚信、开拓精神等优秀品质，才能经培训后真切地从员工身上展现出来。因此，在培训员工之前，企业必须将文化建设调整到位，形成优质的、无瑕疵的、有价值的文化系统。

企业在对员工进行培训时，也要注意将优秀的企业文化输入员工的大脑，使得每一位员工都能深刻认识到自己是企业文化的代言人，是企业的文化大使，绝不能做出有悖于企业文化的行为。

综上所述，企业培训已不再是单一的知识与技能的传授，而是扩展为企业与员工共同成长的综合工具。着眼于企业的长远发展，员工培训将在增加人力资本存量、提高人力资本能力、调整人才结构、激发员工内力、引爆企业利润等方面发挥越来越重要的作用。

要想培训口才变现，就必须注重调动观众

很多人对职场口才有个误解，领导者必须具备好的口才，一般员工不需要口才，只要好好工作就可以。但是，工作是综合能力的体现，口才能力不也是能力的一项吗？会说话是一个人事业上升的保障，可加速事业成功的进程。

某公司有两名小车司机，因为业务精简需要，两人中只能保留一人，因此免不了要进行一番竞争留任。

第一名司机说："我将来开车，一定要把车收拾得干净利索，遵守交通规则，保障领导的安全。而且一定要省油，为公司节约资金。我还要做到安守本分，不该想的不想，不该做的不做，只做好一名出色的司机。"

第二名司机说："我过去遵守了公司规定的三项原则，未来也将继续遵守三项原则。此外，我还自己制定了三条规则，且保证做到：第一，听得，说不得；第二，吃得，喝不得；第三，开得，使不得。"

领导听完后，对第二名司机的发言非常满意，留下了他。那么，第二名司机的发言好在哪里呢？就在于那三组"得……不得"。听得，说不得，意思是说，领导者在车上研究一些工作，往往都是需要保密的，自己作为司机只能听，不能说；吃得，喝不得，意思是说，作为司机会经常陪领导

参加一些活动，总得吃饭的，但只能吃饭，不能喝酒；开得，使不得，意思是说，别看自己给领导开车，但只要领导不用的时候，我也绝不为利己而开公司的车。

中国有句老话“会干的不如会说的”，讲的就是口才的妙用。如果能力出色，再加上出色的口才能力，在激烈的竞争中，就能获得更多的机会。试想，如果一个人连表达能力都不具备，那么在工作中又如何与他人沟通呢？领导又怎么能放心把工作交给一个不会沟通的人呢？因此，作为企业工作人员，无论自己处于什么岗位，都必须加强对口才能力的锻炼，而企业也应该加强对员工口才能力的培训。虽然不至于让员工各个都有“苏秦之口，张仪之舌”，但口才能力的提升绝对有助于更好地完成工作。

提升口才并不是单纯的努力用功，而是应该找对方法，如此才能更有效率。下面，给大家分享一些有关职场口才培训的内容。

（1）主持晨会培训。安排员工每天轮流主持晨会，人人都有参与的机会，可以调动员工的积极性，还可以在每一天主持的过程中，相互对比、学习和互动。

（2）专业性培训。一举一动都要表现出专业性，如专业性的微笑、专业性的握手。

（3）确定性培训。确定对方说出的内容，可以将对方沟通中的关键词经过自己的语言修饰后回馈给对方。

（4）“先跟后带”培训。表达者的观点和听者的观点是相对的，在沟通中应当先让表达者感觉到来自听者的认可和理解，然后听者再通过语言组织和内容诱导抛出自己的观点。这样做既有助于化解矛盾，又能加快沟通效果，加快工作进度。

（5）声音培训。表达自己的想法时要有自信，用适当的音量（对方明确可以听得到）和声调保证听众能够清晰地听到表达者说出的每一个字，避免产生误会。

（6）倾听培训。不是简单地听，而是需要听者全面把握表达者阐述的内容和意思，让自己能够准确地向表达者发出回馈。

（7）肢体语言培训。肢体语言可以用在许多不能用语言表达的场合。在通过语言沟通之前，可以用肢体动作告知对方自己是否赞同或者反对他的观点。合理地运用肢体语言和态度反馈，能够使谈话更加高效。

优秀的企业培训讲师应该具备“讲”的能力

随着行业竞争环境的日益加剧，企业必须充分调动员工的积极性，开发员工的潜能。作为企业培训师，必须找到一种比传统培训方式更有效的培训模式，其中的核心是“讲”的能力。但“讲”的能力虽然是核心，也不意味着培训就只有“讲”这一种方式。“讲”是培训师的必备能力，但需要附加各项综合能力，才能将“讲”的能力更好地发挥出来。那么，企业培训师都需要具备哪些个人素质呢？

（1）自我感知的能力。企业培训师需要有一定程度的自我认识和自我接受的能力。与其他任何从事帮助他人的工作一样，能够意识到激励我们自己的因素很重要。

（2）激励他人的能力。企业培训师能够及时发现被培训者的发展需要，并通过激励的方式去激发被培训者的内在动力，激励其认同自己的情感和价值观，为获得和实现他们自己的人生目标而努力。

（3）沟通的能力。企业培训师应该拥有广泛的人际交往和沟通的技能，能充分表达自己的想法，并对他人的担忧表示出敏感和耐心。

（4）共情的能力。企业培训师要能够对被培训者表现出对其世界观、价值观、个人梦想的赞同与理解。

（5）倾听的能力。企业培训师要能够聆听被培训者的言论，提出能激发被培训者热情的适当的问题，经常做出清晰的、直接的反馈。

（6）反馈的能力。企业培训师必须愿意与被培训者进行坦诚的交流，能够清楚地识别出自己在被培训者那里不受欢迎的行为根源，同时不应过于顾及被培训者的反抗情绪或者过于顾及被培训者担心自己让培训师不喜欢。

（7）变通的能力。企业培训与固定的课程安排不同，培训虽然也有日程表，但整体进度更加灵活。企业培训师能够根据培训的进度和效果，调整培训日程，并进行课外培训，以适应不同被培训者的需要。

（8）前瞻的能力。企业培训师不能只是停留在培训开始时的状态，也不能陷入对情感、目标的关注或是对失败的害怕中。如果被培训者最初的培训是不成功的，优秀的培训师能够扭转这种局面，并能从根本上寻找导致被培训者培训受阻和无效的原因。

（9）控制的能力。不管最终的培训结果和培训收益如何，被培训者在接受培训之初，总是抵制改变的，这是由人性的劣根性决定的，因为人们总是害怕在改变的过程中失去一些东西。培训是与员工的个人成长、未来发展和持续变化相关的，培训师显示出的对关注于目标和行动计划的控制力，将最终为被培训者所接受，并为被培训者带来其所期望的能力提升和行为变化。

除上述能力外，企业培训师还应具备把握职业局限的能力、诊断问题并找出解决方法的能力，以及从事商务的能力。上述这些能力中，大部分都直接与“讲”的能力有关，其他的也会间接地涉及“讲”的能力。优秀的企业培训师，不仅能为企业培训出合格的员工，还能为企业的发展注入人才基因，确保企业在发展过程中永远年轻和充满活力。

把灌输模式转换成对话模式，培训才更有效果

传统的培训就是讲与授，如同“杯与壶”，被培训者就像空杯子，等着培训师从知识之源——“壶”里将所培训的内容注入给自己。对于被培训者而言，这是一种被动的培训方式，被培训者不会被要求去检视自己的感觉、想法和领悟，只能接受传递过来的方法与技能。

如今，提倡将灌输模式培训升级为对话模式培训，将被培训者视为培训的主体，通过让被培训者共同参与任务、游戏、挑战等活动，激发他们的潜能，提高他们解决问题的能力。

其实，对话模式培训是一个过程：首先，被培训者对当下的状况有明

确的认识，并接受这种状况；其次，被培训者主动寻求培训机会；最后，运用被教授的知识和能力去解决问题。

这个过程是令人快乐的，所有参加对话模式培训的员工，都不会排斥这样的培训过程，反而会主动参与。因此，对话模式培训有利于缓解企业面临的以下两大难题。

（1）工作效率低下。员工之间的交流不够，合作不畅，信任度低，导致工作效率低下。而且因为长期的单打独斗，员工处于紧张和压力之下，又会导致他们工作效率更加低下。

（2）员工专注力下降。如果长期在一种节奏下工作，专注力必然会下降。所以，工作一段时间就互相放松交流一下，让大脑得到缓解后再工作，就会更有效率。

对话模式培训可以从根本上缓解上述两个问题。在工作了一个时期后（如两周、一个月），团队可以进行一次对话模式培训，如座谈、游戏、分享、身份互换等，让员工敞开心扉将面临的问题说出来，然后大家集思广益进行解决。这个过程，既能拉近员工之间的距离，又能解决工作中的难题，提高工作效率。

因此，对话模式培训是一种让人兴奋的培训方式，可以激起被培训者参加的兴趣，取得更好的培训效果。总的来说，对话模式培训可以分为以下四个阶段。

第 1 阶段：将被培训者所面临的问题进行全面分析，总结出被培训者应该接受怎样的培训，培训所要达到的目标是什么。比如，A 团队的协作能力较差，就分析该团队的协作能力差在哪里，应如何改善。

第 2 阶段：根据需求设计培训形式，有必要时可以生成项目报告。比如，为 A 团队设计的培训方式是仿真训练——假设发生了严重的问题。

第 3 阶段：将所设计的培训内容具体展开。比如，将 A 团队随机分成两队，看哪个队率先解决问题。

第 4 阶段：培训完毕后，要跟进考察关键性的要点是否得到解决。比如，A 团队随机分成的两队都处理完问题后，针对处理的过程，两队各自讲出自己的感受。这个阶段还可细分为以下三个步骤。

（1）交流。让被培训者互相交流，使其逐渐找出其中的经验。

（2）整合。培训师可以进行关键性总结，来帮助被培训者进一步认清得出的结论。

（3）应用。必须将结论应用到未来的工作中，这是对话模式培训的最终目的。

工作中处处都可以转化为培训场所，企业所面临的难题也都可以转化为培训的素材。因此，对话模式培训可以在解决具体问题的过程中随时进行，让训练更有针对性和时效性。也正是因为潜移默化和随时随地的培训特点，使得对话模式培训越来越受到企业的重视，其更能贴近被培训者的内心，对解决实际工作问题也有更大的启发性。

“道”大于“术”，培训的内容要结合培训的方法

只有明确了企业培训的目的、范畴、对象和内容，才能从主线上确定

培训规划所涉及的多种资源投入的规模和限度。

培训对象和内容，即培训谁，培训什么，进行何种类型的培训，这些一般在培训需求分析中通过对工作任务的系列调查和综合分析来拟定。

培训的规模受诸多因素的影响，如人数、场合、培训的性质、工具及费用等。在一般情况下，技术要求较高的专业培训规模都不是很大。

培训的时间受培训的范畴、对象、内容、方式和费用以及其他与培训有关的因素影响。较为复杂的培训内容一般要集中培训，以提高岗位技能为特点的培训一般安排在双休日或分阶段组织学习。

培训的内容受企业所在行业的限制和企业自身发展的限制，各企业的培训内容和流程都是不同的。在此，不对具体的培训内容进行解释，各企业根据自身实际情况确定培训内容。但培训的内容可以和培训的方法相结合，即什么样的培训内容采用什么样的培训方法，或者什么样的培训方法适合什么样的培训内容。

本节就来讲述培训内容与培训方法相结合的问题，下面举出了几种常见的培训方法，并对每种方法的培训要求和培训优、缺点进行总结。

1. 讲授法

培训师通过语言表达，系统地向被培训者传授知识和技能，要求被培训者记住并掌握重要的知识点与技能要领。

要求培训师具有丰富的知识和经验，讲授必须语言清晰、生动准确、条理清楚、重点突出。在必要时必须配备多媒体设备，以加强培训效果。

优点是培训课程设计简单、方便，可同时对多人进行培训，经济高效；既有利于培训师控制培训进度，也有利于被培训者加深对难度大的内容的理解。

缺点是学习效果易受培训师讲授水平的影响，且因为是单向信息传递，培训师与被培训者之间缺少必要的交流与反馈，不利于培训师掌握被培训者的学习情况。

2. 工作轮换法

被培训者在预定时期内变换工作岗位，使其获得不同岗位的工作经验。该方法主要用于新进员工的岗位培训。

要求在为员工安排工作轮换时，务必考虑被培训者的需要、兴趣和职业偏爱，进而选择与其更为相配的岗位。岗位轮换时间的长短取决于被培训者的学习能力和学习效果。

优点是能丰富被培训者的工作经历，增进被培训者对各部门工作的了解；方便识别被培训者的强项与劣势，了解被培训者的专长和爱好，从而更好地开发被培训者的综合能力，并对被培训对象以后完成跨部门、合作性的任务打下基础。

缺点是被培训对象在每个轮换岗位上停留时间太短，所学知识不精，所锤炼出的“通才”更适合于一般直线管理人员，不适用于职能管理人员。

3. 工作指导法

由一位经验丰富的技术教练直接在工作岗位上对被培训者进行培训。这位技术教练的任务是教给被培训者如何做，并提出如何做好的建议。

要求在培训前准备好所有的用具，让每个被培训者都能看清示范物；技术教练一边示范一边讲解操作要领。示范完毕，让每个被培训者反复模仿实习，并对每个被培训者给予立即反馈。

优点是能在培训师与被培训者之间建立良好的关系，有助于工作的开展。一旦师傅（教练）调动、提升、退休、辞职时，被培训的员工能迅速顶上。

缺点是不容易挑选到合格的“技术教练”，有些教练担心“带会徒弟，饿死师傅”而不愿意倾尽全力。

4. 视听技术法

利用现代视听技术（如投影仪、录像、电视、电影、电脑等）工具，对员工进行岗位技能培训。

要求在播放前要清楚说明培训的目的，并依据讲课的主题选择合适的视听教材，边看边讨论，增强理解。讨论结束后，培训师必须做重点总结或将如何应用在工作上的具体方法告诉被培训者。

优点是运用视觉和听觉的感知方式，直观鲜明，教材生动形象，给被培训者以真实感，比较容易引起被培训者的兴趣。且视听教材可以反复使用，能更好地适应被培训者的个体差异和不同水平的要求。

缺点是视听设备和教材成本较高，且会随着内容过时而被淘汰，需要重新制作，一般可作为培训的辅助手段。

5. 案例研究法

为参加培训的被培训者提供如何处理棘手问题的书面案例描述，让被培训者分析和评价案例，提出解决问题的建议和方案。

要求向被培训者提供的案例必须真实，不能随意捏造，且案例要和培训内容相一致，被培训者组成小组完成对案例的分析，提出解决问题的方法。讨论结束后，由培训师对被培训者提出的问题进行分析，直至达成共识。

优点是被培训者的参与性强，变被动接受为主动参与，将被培训者解决问题的能力融入到知识传授中，培训方式生动具体、直观易学。

缺点是案例的准备需时较长，且对培训师和被培训者的要求比较高，案例的来源往往不能满足培训的需要。

第十章　直播带货口才变现：利用短视频直播，实现带货变现

直播算沟通吗？当然算！不仅是沟通，还是即时沟通，对主播全方位的要求更高。比如，主播对直播内容熟悉的程度（产品性能和功能）、主播对直播节奏的把控能力（进度快了或慢了）、主播对现场突发状况的处理能力（自己说错了话、粉丝狂言）……因为隔着屏幕，以上种种问题都需要主播通过口才能力去解决。

直播带货过程，就是一个说服他人的营销演讲过程

从 2020 年初开始，直播带货迎来了大爆发，到如今已经成为各个品牌的标配，商家、个人都跃跃欲试，想要入局分一杯羹。

但是，很多商家拼了命地直播，就是不出单，带货转化低。而有的商家却是深谙直播带货之道，赚得盆满钵满。其中的差距在哪里呢？核心就是没有搞明白直播带货的本质是什么。有人将直播带货看作一种卖货的方式，从结果上看，对于直播带货确实可以这样理解。但从过程上看，直播

带货绝不是简单的销售商品，而是一场通过直播、运用语言说服他人的营销演讲。

因为直播不是面对面的说服，因此传统的看准对象和时机的说服方式就用不上了。毕竟主播和观众隔着屏幕，主播是无法看到观众的，就更谈不上看准观众和掌握时机了。

也因为直播的时间有限，说服中的多商量、多沟通的方式，也不太奏效。主播要在有限的时间内对观众进行说服，留给主播商量和沟通的时间并不多。

再者，主播与观众都是非面对面式的直接沟通，主播不可能深入了解每一名观众的性格，因此，那些用于说服的迂回方式也都用不上了，主播能做的就是在短时间内打动观众。

综上所述，主播在直播间里说服观众的方式只剩下“尽量让观众说‘好’”和“将心比心，营造真实画面感”这两种了。

稍微研究一下“口红一哥”李佳琦的直播，就会发现他的直播口才对于销售起到了很大的作用。同样是推销口红，其他“网红”更多是在就事论事，比如，这款口红涂上去显得年轻漂亮，那款口红涂上去显得雍容华贵……而李佳琦能够通过同观众的简短互动，营造出不同的人设、不同的场景和不同的故事情节。有些画面让观众有一种扑面而来的感觉，让观众在第一时间就对李佳琦推销的口红说“好”。

比如，有时候李佳琦会说：“× 款口红是王菲色 / 舒淇色 / 钟楚红色。”人格化的描述通过身份认同，让观众脑补出一个完整形象。有时李佳琦会告诉观众：“这支口红适合年会庆典”“那支口红适合看演唱会”“这一排的颜色有助于治疗失恋”“那一排的颜色春夏通吃，而且素颜的时候也可以用”。至于李佳琦的经典口头禅之一“Oh my God”也是有感而发、从不掺假的。于是，李佳琦的直播总是能在关键时刻戳中观众的爽点，理性防线被感性状态突破，感性消费顺利达成！

所以有人总结说：比起“男生卖口红”的噱头，“会说话”更是一种稀缺资源。正是这种资源，让一些成功的主播掌握了说服观众的技能，从千军万马的主播大军中脱颖而出。

直播带货不是简单的卖东西，而是一场场的高端局演绎，说服观众对主播产生信任感，并由此说服观众对主播所带的产品也产生信任感，观众就会为自己的信任感买单。因此，直播带货的口才变现能力就体现在能否说服观众对自己产生信任感。

短视频直播带货时代，不会演说就很难成功

罗永浩的直播首秀吸引了 4800 万人观看，1.1 亿元的销售额，可谓战绩斐然。除了流量上的优势之外，“罗氏风格”的直播带货也让粉丝们觉得很有意思。那是让人觉得有一种质朴的沟通方式，让看直播的人觉得，不买点儿都对不起他。

罗永浩的直播风格比较轻松，也很鲜明，他经常会在直播间里讲出各种个人观点。对于直播带货领域而言，每一名优秀的主播都有自己的直播风格。有的严肃，有的幽默，有的家长式，有的朋友式，有的娓娓道来

式，有的口若悬河式……无论是哪种直播风格，都会带来不一样的直播效果，也都有自己的受众粉丝。

多数直播带货，主播都很有激情，叫卖式的直播带货风格，能够让直播间的观众极度兴奋。很显然，快节奏的带货风格比较挑人，适合性格外向的人。而叫卖式的销售，对于想做品牌的企业而言，并不利于品牌形象建设。因为这种方式很容易让人联想到类似路边摊那样的门店，一个大音响放在门口，天天放着广告：工厂倒闭，本店所有商品清仓大甩卖了……

如果在千军万马的“快节奏”大军中出现了“慢悠悠”的带货风格，那么它无疑适合更多的人。对于想打造品牌的企业而言，慢风格可以给品牌更多的曝光时间，不仅能让主播详细介绍品牌参数，还能让观众详细了解品牌卖点，在卖货的同时向观众传递品牌价值。

下面是一篇直播带货的演讲稿，你可以试着用快节奏和慢节奏分别演说一次，品一品两者的区别。

“咚咚咚（手指敲击屏幕），大家注意啦！现在开始广播啦！

不想喝水，不想喝白开水，怎么办？都说人无水不能活，但我今天要说‘水无茶不香’。作为一枚土生土长的寿宁小茶，今天我就给大家安排一下，来自我家乡的好物——下党云雾高山茶（拿出一盒茶）！

叶叶清茶，入口之后就有丝丝清甜，下咽喉还带着缕缕回甘，没错，这就是下党云雾高山茶特有的味道。

下党红茶富含锌硒，可以解暑利尿防辐射，美容养颜效果佳，尤其适合整天坐办公室的朋友。

山的这边是茶，山的那边是海，咱们下党有着得天独厚的地理条件，这里产的红茶都是纯天然、无污染。你看这茶叶的外形，油润、结实，自带花香，汤色金黄、透亮，叶底肥厚、红亮。

好茶叶能代表什么？一定有家人说是代表身份。这是一种观点。但我认为，一个人所品之茶里，就能看出一个人的文化、气度、财力和地位。家人们如果认为我说的对，可以在屏幕上打出‘1’。

小袋独立包装，30 包只要 99 元！除了自己品尝，您也可以送给亲朋好友，我们的包装非常高端大气上档次。

下党云雾高山茶，让您从此爱上喝茶！想要链接的家人们，戳这里哟！”

快节奏的直播演讲，能让观众一时间热血沸腾，在气氛的烘托中可能就下单了。但慢节奏的直播演讲，却能让观众真正进入与产品的共鸣里，由心而生对于产品的好感，并最终促成下单。

有时候，为了丰富直播演讲的风格，主播可以带一位助手参加直播，这位助手会在重要节点上与主播对话，让慢节奏的直播更热闹一些，让快节奏的直播能缓和一些。

我们将直播看作一场演说，那么直播就不能只围绕产品，其中也要涉及自己的一些观点，这个观点要与产品相关联，加深观众对产品的认知。

学习录制短视频，可以破解口才成长“瓶颈”

要想直播效果好，直播带货的话术少不了。学习录制短视频，从最开始的欢迎话术，到最后的结束话术，每一步都影响着直播效果，突破了每个环节，就可以破解口才成长的“瓶颈”。

1. 欢迎话术

通常在正式开播前，主播需要进行 5 ～ 10 分钟的暖场，用以进行自我介绍，和观众打招呼，简单介绍今天的直播活动和福利预告能给观众带来哪些好处，让观众留下来。

该环节的话术不能太机械，可以根据以下三点示例做出改变。

（1）解读账号名称。欢迎 ×× 进入直播间，这名字有意思很好听，是有什么故事吗？

（2）寻找共同话题。欢迎 ×× 进来捧场，他 / 她的名字让我想起了一首歌（说出歌名），不知道你们听过没有？

（3）借机传达直播内容。欢迎 ×× 进入直播间，今天要给大家介绍的是 ×× 的技巧，感兴趣的家人们记得点个关注哦！

也可以将开场的欢迎话术打造成一个“超级符号”，加深观众的印象，比如某位主播的每场直播开头都是那句：“话不多说，我们先来抽波奖。”

2. 宣传话术

做营销类活动离不开宣传，直播带货也是如此。想让更多观众熟悉并了解主播，需要一些宣传话术，它有两个方面的技巧。

（1）宣传直播时间。非常感谢所有还停留在我直播间的家人们，我每天的直播时间是 ×× ~ ×× 点，风雨不改。没点关注的记得点关注，点了关注记得每天准时来看哦！

（2）宣传直播内容。家人们，我是 ××，今天来给大家分享几个美妆小技巧，学会了你也可以是美妆达人，记得关注我，了解更多简单易上手的美妆技巧。

3. 留人话术

想要不断提升直播间的人数，重点在于留住用户。这对主播的节奏把控能力有很高的要求，可根据以下几点进行。

（1）福利引导。主播需要每隔一段时间就提醒一次观众稍后有什么福利，明确给出用户的停留时间。

例如：直播间的家人们，12 点整的时刻，我们最先抽免单了，还没点关注的家人们上方点个关注，加入我们的粉丝团……

（2）实时互动。与评论区进行实时互动，提升观众的主动参与意愿，及时回答问题，有利于促成下单。

例如：×× 家人，看到你的要求了，可以先关注主播，稍等马上为你试穿哦！

再如，问优惠券的那位小姐姐，×× 有优惠券 × 元，×× 点可以有秒杀。

（3）选择互动。抛给观众一些选择，让观众以“扣”数字的方式回答，主播可以很快收到问题的反馈，不至于冷场。

例如，想听《××》的扣 1，想听《××》的扣 2。

再如，换左手这一套衣服的扣 1，换右手这一套衣服的扣 2。

（4）提问互动。提问一些与产品相关的问题，有利于帮助观众解决对于产品的困惑，促进转化。

例如，这款口红，家人们用过吗？

再如，刚刚给大家分享的小技巧，家人们学会了吗？

（5）刷屏互动。此类互动发言成本低，观众的参与度高，能让刚进直播间的观众感受到活跃的气氛。

例如，感觉家人们不够尽兴啊，是不是活动力度不够大？好，主播今天就给大家再上一波福利，想要的宝宝们 666 扣起来……

4. 产品介绍话术

产品介绍得好坏，将直接影响转化率。所以，主播首先要对所销售产品有详细的了解，清楚产品的优势和适用人群，再从一些技巧出发，进行有针对性的营销。

（1）增强信任。在直播中列举一些产品截图，比如销量截图、网友好评、官方推荐等，增强产品的背书。主播也可以强调“我”也在用，让观众真切感受到产品真实好用。

例如，大家可以去网上查一下这个品牌，年销量过亿，实打实的销量。

再如，我给我爸妈也买了，他们也觉得很好用。

（2）专业讲解。通过一些专业术语的讲解，一方面衬托主播的专业性，另一方面衬托产品的可靠性。

例如，这种全棉卫衣适合秋天穿，前面是撞色图案，领口几何形绗缝线，板型中长，时尚百搭，可搭配紧身小黑裤，显得年轻有活力。

（3）产品试用。想将产品卖好，不能光说不做。主播需要自己试用产品，比如试穿衣服、试抹化妆品等。依靠现场试用分享体验，让产品的质量更有说服力。

例如，大家看我穿 L 码是刚刚好的，很有弹力，穿起来又透气，主播身高体重在公屏上……

5. 关注话术

关注是一件“长情”的事情，要不断吸引新的用户关注，可以将观众引导进主播的私域里，在私域中完成转化。需要注意的是，引导关注最好配合福利进行，且频率不宜太高。

例如，马上就要进入抽奖环节了，没有关注的家人们赶紧点亮关注，否则就没法参与抽奖了。

再如，今天我们的链接都爆单了！想要优先发货的宝宝可以加入主播粉丝团，助理小哥帮我记一下，加入粉丝团的家人们优先安排发货！

想直播带货变现赚快钱，就要有一口流利的口才

很多人都看到了直播带货的红利，却并不知道直播带货是需要口才做基础的。一些人连最基础的直播口才都没有，就更别谈如何做流量，做选品了。

例如如董明珠，其直播首秀也同样不顺利。据统计，董明珠首次直播带货当晚，全网累计有 431 万的观看人数，但她带货的销售额仅有 22.53 万元。虽然在直播前，董明珠已经通过很多前期的试探性工作为首次直播铺路，但首秀仍然“翻车”了。

董明珠首秀出师不利，根本原因就在于她在直播过程中的沟通方式不好。比如，陈述产品性能基本是照本宣科，演示产品功能时跟在企业向员工训话那样的走来走去，催单、促单、引导下单的环节也都做得不好。

后来的故事大家都知道了，“董小姐”的第二次和第三次直播都很成功！除了其他方面的配合，她直播时说的话、用的词、表达的方式、预设的场景等都更加成熟了。

下面针对直播带货过程中的一些口才要求进行详细讲解。

1. 带货口才

带货口才的合理运用，可无形中拉近主播与观众的距离，建立起信任感，引导和影响观众的购买决策，拉动产品销售，实现带货变现。以下是

四种典型的带货口才。

（1）展示型带货口才。展示产品的质量和使用感受，能让观众最直观地看到效果。可以通过口述产品的卖点、使用感受、精华成分和与其他渠道对比的价格优势等，让观众感觉“用得上，应该买”。

（2）信任型带货口才。因为直播过程中观众接触不到产品，只能通过主播的描述熟悉产品。因此，主播要给观众营造出“自用款”的感觉，如“我也买了 ××”，为产品做担保，打消观众对产品的顾虑。

（3）专业型带货口才。主播推荐产品时，应从专业角度出发，针对一个产品以及同类其他产品做出详解，并指导观众根据自己的情况选择产品。例如，服装类带货直播，主播可通过对某款服装的面料工艺、制作流程以及专业搭配的专业讲解，吸引观众下单。

（4）试用型带货口才。主播通过现场试用产品，分享试用体验与效果，验证产品功能，激发用户的使用需求和购买欲望。

2. 价格口才

低价格+高品质，是让消费者长期追随的主要动力。因此，优惠活动是影响消费者直播购买产品的最直接因素，可用以下三点进行强调。

（1）谈价格优势。展示打折力度，拿出计算器详细计算。

（2）谈到产品与某明星同款，拿出准备好的大幅照片加以证明。

（3）在直播间使用“低价”“买 × 送 ×”“优惠套餐”“直播间比免税店还便宜”等一系列话术刺激观众下单。

3. 催单口才

催单顾名思义是要调动观众“抢”的心态。比如“抢购”“过时不候”“数量有限”，营造秒杀气氛。此外，还要强调一些促销政策，包括限时折扣、随机免单、现金返还、前 ×× 名下单送等价礼品等活动，将观众的热情推向高潮，催促观众集中下单。

例如，现在直播间 7000 人，我们今天就送前 700 名家人们等价礼品。现在开始，倒数 5 个数，5（助理配合说，还剩 ×× 单）、4（助理配合说，还剩 ×× 单）、3（助理配合说，已经抢光了）……

4. 促单口才

到促单这个环节，观众已经有了很强的购买意愿，就差临门一脚。这时主播需要不断刺激观众的消费心理，可以从以下两个方面入手。

（1）重复强调产品的效果和价格优势。

（2）不断提醒观众产品限时限量。

例如，先付先得，最后 2 分钟！最后 2 分钟！手慢无！

再如，大家手速都很快啊！才一会儿就没货了，我看看还能不能申请多加一些，没下单的家人们留意，我们等会儿再给大家上 ×× 件！

5. 引导下单口才

当观众对产品已经没有多大抵抗力的时候，有经验的主播会适时地做出一个动作，起到“推一把”的作用，促使观众完成最后购买的一步。这个“推一把”的动作包含两个作用：①引导观众下单；②排除观众下单过程中不熟悉操作的隐患。

例如，家人们，先领 60 元优惠券，下单时数量填 3，填 3 就是 9 件，9 件的到手价是 99 元（与此同时，助理用手机或 iPad 展示这个流程，在哪里领优惠券，下单的界面是怎样的）。

6. 感谢口才

主播在下播之前，可以用感谢类话术作为结尾，这不仅能延续观众的不舍之情，也可以预告下次直播的商品和活动时间，以吸引观众继续锁定直播间。

例如，感谢家人们来观看我的直播，谢谢你们的礼物。为了感谢大家的陪伴，明晚 × 点接着给大家送更超值的商品，希望还能见到人美心善的你们，再次感谢！

再如，今天的直播接近尾声了，明天晚上 ×× ~ ×× 点，同样时间开播，大家可以点一下哦！各位奔走相告吧！

主播拥有好口才，就能在直播舞台上尽情绽放自己

2022 年，董宇辉火出了圈，他几乎凭一己之力将新东方带离困境。更确切地说，董宇辉凭的是一张嘴！

是的，董宇辉知识丰富、博学多才，但像董宇辉这样知识渊博的人有千千万，为什么唯有董宇辉火了呢？原因就在于，他还拥有绝佳的口才。

那么，董宇辉的口才能力是如何体现在直播带货领域的呢？准确地说，董宇辉究竟是如何直播带货的？以至于他可以在直播舞台上尽情绽放自己。下面我们就来看看董宇辉的卖货过程。

董宇辉卖玉米，说："有时候妈妈看你玩得太累了，把你喊回来，锅里煮出了自己家地里摘的玉米，香气扑鼻，你用筷子戳着拿在手上边啃边

跑。你跑的时候，背后的阳光温暖，洋洋洒洒，落在地上，它在你面前投下了跟你一样大小的影子，你边跑边追，嘴里头那一口玉米，淡淡的回甘味，扑鼻的香……”

这卖的哪里是玉米，分明是童年的记忆，是妈妈的背影，是家庭的温馨，是自己的快乐。玉米在董宇辉的嘴下，已经完全超越了食物的本质，成了情感的寄托。请问，这样的玉米，你会买吗？买啊！谁能错过这样的玉米，哦！不，是这样的情感！

董宇辉卖大米，说：“我没有带你去看过长白山皑皑的白雪；我没有带你去感受过十月田间吹过的微风；我没有带你去看过沉甸甸、低弯下腰，犹如智者一般的谷穗；我没有带你去见证这一切。但是亲爱的，我可以让你品尝这样的大米。浪漫不只星空花海，还有烟火人间。”

这卖的哪里是大米，分明是一个人本该拥有的浪漫生活，但却被现实无情地抹杀了。于是，我们无法真实感受那种种浪漫，却有机会通过品尝一款浪漫的大米作为弥补。究竟可以弥补多少呢？个人感受不同，如果不亲自品尝，恐怕永远都没有答案。请问，你会错过这样的大米吗？当然不会，我已经错过了太多，这样的大米就让我拥有它吧！

在董宇辉的直播中，他全程没有一句吆喝，连产品都不介绍，往往是一段话说完，产品就卖光了。

这就是口才的作用，这就是口才的力量，这就是口才的魅力！

一定会有人说：哦，这样的口才能力太强了，不是一般人能拥有的！说这样话的人，一定忽视了一个事实，就是口才能力是可以通过训练提升的。

无论是新手主播还是老手主播，起步的训练就是背书，可以适当背一些故事类、小说类的书，积累说话素材。晋级的训练是模仿，每天观看其他口才好的主播的直播，找准自己的形象定位，模仿对方的表达方式、讲话技巧和肢体语言等。此外，还要注意掌握分寸，要正确评价产品的价值，说话要进退有度，不要重复说一句宣传语，也不要一直强调推销，给观众压迫感。

那些拥有大量粉丝的主播，也不是天生就会直播的，新兴行业，谁能豁得出去，谁能坚持下去，谁就会收获好的结果。

主播的好口才并非天赋才能，都是靠刻苦训练得来的

直播带货重点技能就是口才！好的口才不是一种天赋的才能，是可以靠刻苦训练得来的。每个人的起步都是公平的，想要拥有什么样的技能，就必须去学习什么技能。下面，就给大家分享几个训练好口才的小方法。

1. 速读法

通过快速阅读的方法，对口齿的伶俐程度进行长期不间断的锻炼，做到语音准确，吐字清晰。

具体做法是，选择一篇文章，初期的阅读速度可以较慢，然后慢慢加快，一次比一次读得快，最后达到自己所能达到的最快速度。读的过程中不要有停顿，发音要准确，吐字要清晰，尽量把每个字音都完整地发出来。可以用录音机把自己的速读录下来，然后反复听，从中找出不足之

处，然后进行针对性训练。

2. 复述法

可以多看其他粉丝量多的带货主播的视频，从他们的直播中发现共通的优点，再去寻找自己有而他们没有的个性化优势。

具体做法是，把其他优秀主播的关键性口才话术重复叙述，形成一种肌肉记忆。同时在重复的过程中结合自己的特点进行一些改进。这种训练方法可以锻炼记忆力、反应力和语言的连贯性。

3. 模仿法

模仿其他具有优秀口才能力的人的说话方式，这虽然看起来是一种笨方法，但如果长期坚持下去，定能收获意外的惊喜。

具体做法是，在每天听或看直播带货、新闻联播、电视、电影时，随时跟着主播、演播员、演员进行模仿。注意那些人的声音、语气、语调、神态和动作，边听边模仿，边看边模仿。经过长期的训练，口才能力就一定能得到提高。

同时，长期的模仿有助于增加词汇量和增长知识。要求选择适合自己的对象进行模仿，并且要尽量模仿得像，并在模仿中学会创新，添加属于自己的个性特色。

4. 描述法

无论是演讲、沟通、论辩，都需要有较强的语言组织能力，用于将所见所闻的事物准确无误地表达出来。

具体做法是，把看到的景、事、物、人，用说话的形式表达出来。最开始的表达可能非常苍白，但长期的训练之后，就会逐渐学会用恰当的语言描述事物。待到需要发挥口才能力时，便会发现自己已经具有了很自然地将人、事、物、景描述出来的能力。

5. 角色扮演法

角色扮演法就是像演员那样去扮演影视剧中的角色。当然直播所强调的扮演，主要是语言上的扮演。这种训练方式具有一定的难度，但可以培养人的语言适应性。

具体做法是，在家里准备一个大镜子，每天对着镜头不断练习。说得久了，说得多了，自然就能从嘴上的功夫变成刻在骨子里的功夫。

这种训练方式要求“演”的成分很高，不仅要求声音洪亮，充满感情，停顿得当，还要求能形象地把人物的性格表现出来，并配有一定的动作和表情。

从上述的五种训练方式可以看出，要做好直播带货并不容易，但只要选对努力的方向，又肯付出时间和精力，必有所收获。做主播最重要的是贵在坚持，积累粉丝和赢得粉丝青睐，都需要长时间地持续输出高质量的内容来实现。

后记

人类生存繁衍到现在，口才能力已经成为并决定一个人生活及事业好坏成败最重要的因素。一个人每天的祸福悲欢，往往是由其本人的言语决定的。因为口才能力不足而导致一生事业失败的人很多，因为我们和人们接触时所说的话，是很容易被他人评估其价值的。

一个不具备优秀口才能力的人，走上社会就等于走上了一条荆棘之路，很难在事业上、爱情上和社交上取得满意的效果。没有口才的人，在社会上犹如一台发不出声的收录机，虽然一直在转动，却不能使人感兴趣。而一个具备优秀口才的人，却总能够完整流利地表达出自己的思想、意图，且能够把道理说得清楚、完整。稍微留意一下身边，就不难发现，那些口才好的人，说话总是充满智慧，讲究艺术。

有句话是这么说的，“发生在成功人物身上的奇迹，至少有一半是口才创造的”。早在第二次世界大战期间，美国人就把“口才、金钱和原子弹”看作生存和竞争的三大法宝。后来，随着科学技术的不断进步，他们又把“口才、金钱和电脑”作为新的三大法宝，“电脑”代替了“原子弹”，而“口才”依然独冠“三宝”之首。

其次，口才并非一种天赋的才能，它是可以靠刻苦训练得来的。古今中外历史上所有口若悬河、能言善辩的演讲家、雄辩家，无一不是靠刻苦训练口才而获得成功的。因此，阅读此书的每一个人，想要获得优秀的口才能力，想要通过口才获取更高的变现能力，就要勤加练习。

一个人要达到成功的山巅，需要一步步踏踏实实地攀登。而口才就是助人腾飞的翅膀，它能让人更快地到达。